Deutsche Nationalparks

Norbert Rosing

Deutsche Nationalparks

Vorwort: Dr. Hans Bibelriether
Texte: Sarah Fuchs / Klaus Nigge

Tecklenborg Verlag

IMPRESSUM

Umwelthinweis:
Der Inhalt dieses Buches wurde auf Papier
mit chlorfrei gebleichtem Zellstoff gedruckt.
Das Einbandmaterial ist recyclebar.

Die deutsche Bibliothek - CIP Einheitsaufnahme

Deutsche Nationalparks / Norbert Rosing. -
Steinfurt: Tecklenborg - Verl., 1997
ISBN 3-924044-29-5
NE: Rosing, Norbert

Fotos: Norbert Rosing mit Ausnahme:
Günter Bachmeier: Seite 96
Markus Botzek: Seite 19 u., 26 u., 28 u., 32 u., 46 o.
Klaus Nigge: Seite 62 u., 85 , 86 u. + o., 87 u., 105 o.
Dietmar Nill: Seite 145 o.
Alfred Schmidt: Seite 119, 144 o., 162
Silvestris: Seite 21, 27 u. (Wernicke), 90 (Nill), 100 u. (Buchhorn), 124 u., 178 (Rosing)
Christof Wermter: Seite 28 o., 29, 32 o.

1. Auflage Mai 1997

Siemensstraße 4
D-48565 Steinfurt

Texte: Sarah Fuchs / Klaus Nigge
Redaktion: Thomas Laumanns, Münster
Layout und Karten: Norbert Wessels, Steinfurt

Druck: Druckhaus Tecklenborg, Steinfurt

Papier: EURO ART 170 g/qm
matt spezialgestrichen holzfrei Bilderdruck weiß
hergestellt aus 100% chlorfrei gebleichtem Zellstoff
- exclusiv von Classen Papier KG -

Verlag und Autor garantieren, daß es sich
bei den Fotografien in diesem Werk um
Originalaufnahmen handelt, die nicht digital
verändert wurden.

ISBN 3-924044-29-5

INHALT

Vorwort

Im Jahre 1997 feiert die Nationalparkidee ihren 125. Geburtstag. 1872 wurde als erstes derartiges Schutzgebiet der Yellowstone Nationalpark im Westen der USA gegründet. Heute sind es weltweit mehr als 2.000 Parke. In Deutschland dauerte es fast einhundert Jahre, bis es zur Gründung des ersten Nationalparks im Bayerischen Wald kam, der im Jahr 1970 eröffnet wurde. Mittlerweile hat sich die Zahl auf zwölf Nationalparke, von der Küste, über die Mittelgebirge, bis in die Alpen erhöht. Für zwei weitere bestehen bereits konkrete Planungen. Die wichtigste Aufgabe der Nationalparke ist der großflächige Schutz ursprünglicher Naturlandschaften, des nationalen Naturerbes, frei von jeder Art klassischer Bodennutzung wie Land- und Forstwirtschaft, Jagd oder Fischerei. Auch lenkende oder pflegende Eingriffe haben soweit irgend möglich zu unterbleiben. Die Natur, die natürlichen Lebensgemeinschaften sollen sich entwickeln können nach den ihnen seit Jahrmillionen innewohnenden Gesetzen. „Natur, Natur sein lassen“ heißt das Schutzziel der Nationalparke.

Im Unterschied zu großräumigen Naturschutzgebieten sind aber Nationalparke auch für naturliebende Menschen zu erschließen, zum Naturerlebnis, zur Begegnung mit ursprünglicher Natur, zur naturkundlichen Bildung und Naturerfahrung. Mindestens 15 bis 20 Millionen Mitbürger besuchen alljährlich die deutschen Nationalparke. Ihre Zahl wächst ständig. 85% aller Deutschen wünschen sich noch mehr Nationalparke in unserem Land. So werden Nationalparke immer mehr zu Naturerlebnisgebieten, in denen viele Menschen das in den naturentfremdeten Städten verlorengegangene Naturmaß wiederfinden können.

Trotz dieser Zielsetzung werden in vielen deutschen Nationalparken noch immer belastende und schädigende Bodennutzungen durchgeführt, statt die Natur einfach wachsen zu lassen und auf Eingriffe ganz zu verzichten. Die Nationalparke leiden unter der noch immer nicht überwundenen Vorstellung allzuvieler Zeitgenossen, daß Natur nur dann einen Wert hat, wenn sie vom Menschen genutzt wird. Viele meinen einfach, urwüchsige Wildnis, hat in unserem Land nichts zu suchen. Aber es gibt Grund zur Hoffnung. Die Zahl der Mitbürger, die unberührte Natur erleben wollen, in denen keine Motorsäge kreischt und kein Schuß hallt, wächst und damit wächst auch die Bereitschaft, wenigstens ein paar Prozent unseres Landes der Natur als Refugium zu überlassen.

Wir hoffen, daß dieses Buch über die deutschen Nationalparke dazu beiträgt, die Schönheit und Verletzlichkeit, den außerordentlichen Wert unseres Naturerbes in den Nationalparken bewußt zu machen.

Dr. Hans Bibelriether
1. Vorsitzender der FÖNAD

Einleitung

Viele meiner Fotoreisen führten mich an die entlegensten Orte dieser Erde. Ob unter der Sonne Afrikas oder in einem Kanu, zwischen Eischollen schaukelnd, immer war es eine Reise in eine mir unbekannte und faszinierende Welt.

Als ich jedoch vor einigen Jahren den Auftrag erhielt, eine Fotoserie über die Biosphärenreservate der neuen Bundesländer zu erarbeiten, mußte ich feststellen, wie wenig ich bisher über die Natur vor unserer eigenen Haustür wußte und gesehen hatte. Bis zu diesem Zeitpunkt waren die Namen Brocken oder Müritz für mich nur noch eine verblaßte Erinnerung aus der Schulzeit. Niemals hatte ich einen Gedanken daran verschwendet, diese Gebiete zu besuchen, geschweige denn zu fotografieren. Und als sollte es ein erster Schritt gewesen sein, wollte es der Zufall, daß ich kurz darauf die Möglichkeit erhielt, für dieses Buch die deutschen Nationalparks mit der Kamera zu dokumentieren. Doch der Anfang war alles andere als einfach. Wie und wo sollte ich beginnen? So zog ich mit meinem beweglichen Hotel, einem alten VW Bus, kreuz und quer durch unser Land und entdeckte Stück für Stück eine mir unbekannte Natur. Mal war es das wechselnde Licht über der Weite des Watts oder die scheinbar undurchdringlichen "Urwälder" des Bayerischen Nationalparks, die mein Herz schneller schlagen ließen. Selbst Orte, die ich bereits vor vielen Jahren schon einmal besucht hatte, zeigten unter dem Einfluß der Jahreszeiten und der wechselnden Wetterlagen immer wieder ein neues, sich wandelndes Gesicht. Deshab mußte ich viele Orte mehrfach besuchen, bis ich endlich die gewünschten Motive im Bild festhalten konnte. So kam es vor, daß auf dem Brocken noch kein Schnee lag, die Oderauen nicht überflutet waren oder einfach anhaltender Dauerregen und schlechte Sicht mir einen Strich durch die Rechnung machten.

Am Ende meiner Reise, die mich über 2 Jahre fesselte, wurde mir bewußt, daß es nicht immer die fernen Ziele sein müssen, um die faszinierende Ursprünglichkeit einer Landschaft mit seiner Flora und Fauna zu entdecken.

Obwohl unsere Industriegesellschaft die Umwelt schon an vielen Stellen für immer verändert hat, bleibt mir die Erinnerung und das Bewußtsein für eine Natur, die in ihrer Vielfalt und Schönheit ihresgleichen sucht.

Norbert Rosing

Aus der Luft erkennt man das Rinnensystem des Wattenmeeres in seiner ganzen Komplexität. Je nach Strömungsgeschwindigkeit des Wassers, ihrer Tiefe und ihrer Lage nennt man die Rinnen Priele, Baljen oder Seegats. Während Priele bei Ebbe vollständig leerlaufen, führen Baljen auch in der Niedrigwasserzeit noch Wasser. Die tiefen Durchlässe zwischen Inseln bezeichnet man als Seegats.

Nationalparks Wattenmeer

Im Wechsel der Gezeiten

Es ist Ebbe. Der schwarzgraue Schlickboden nahe dem Ufer liegt in der Sonne. Über ihm liegt der typische Geruch des Wattenmeeres. Etwas weiter entfernt von der Küste verschwimmt brauner Sand zu einem Gemälde sanft geschwungener Linien. Eine Gruppe freigespülter Sandklaffmuscheln ragt spitz aus dem Boden. Überall haben Wattwürmer dünne Schnüre aus Sand zu kleinen Häufchen aufgetürmt.
Ganz weit hinten auf offener See liegt das Meer und wartet.

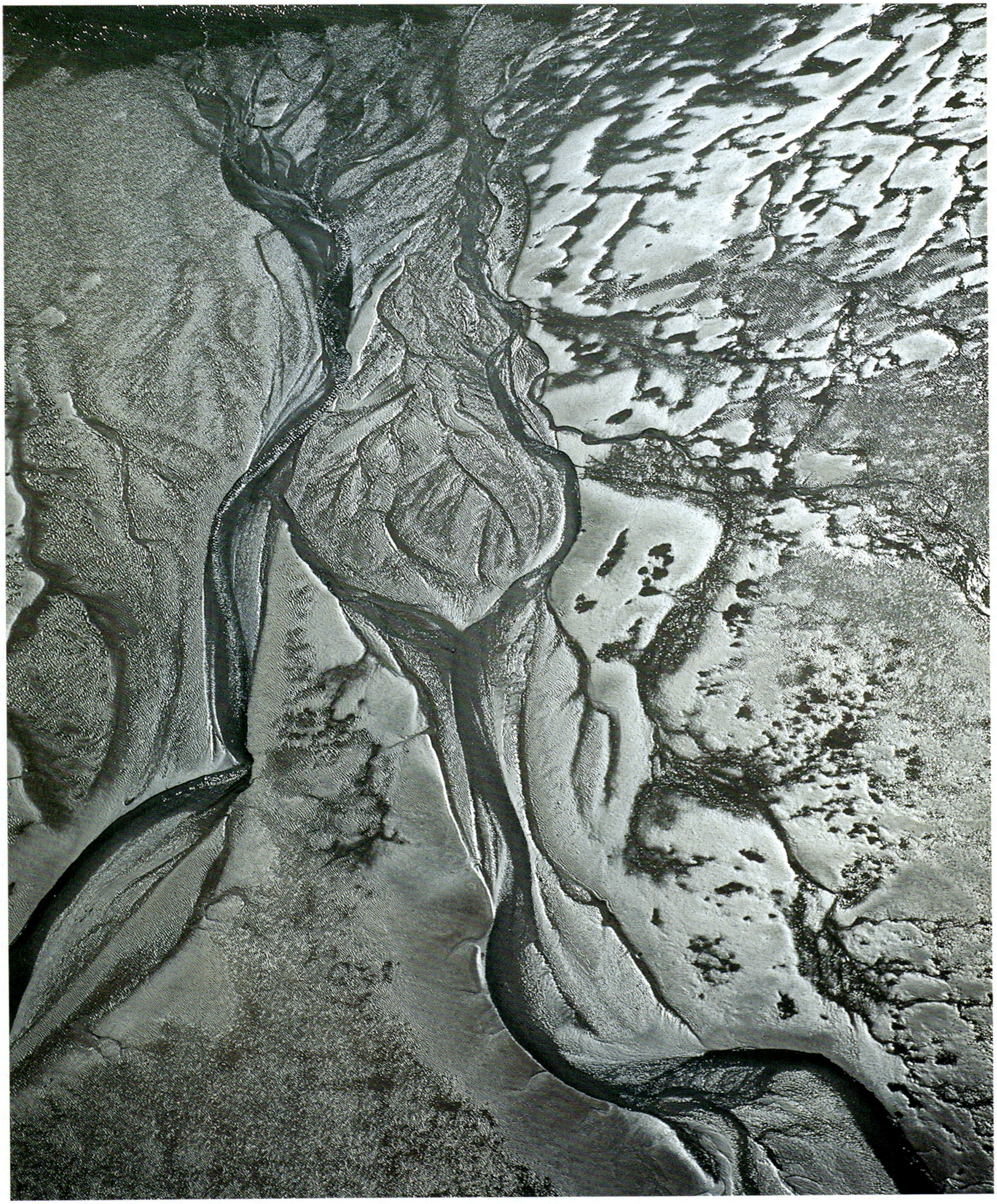

Die Priele dienen den „Flutgästen" des Wattenmeeres als Zugstraßen von der offenen See ins Watt. Vor allem Bodenkrebse wie die Sandgarnele und die Strandkrabbe, aber auch die Jungtiere vieler Bodenfische, etwa Scholle, Flunder oder Seezunge, kommen mit dem einlaufenden Wasser zur Nahrungssuche ins Watt. Seit Generationen betreiben die Krabbenfischer mit ihren Kuttern entlang der Priele den traditionellen Garnelenfang.

NATIONALPARKS WATTENMEER

Die einzigartige Schönheit und Naturbelassenheit des Ökosystems Wattenmeer auch in Zukunft zu bewahren - das ist die schwierige Aufgabe, die die drei Nationalparks an der deutschen Nordseeküste zu bewältigen haben. Neben den unterschiedlichsten Interessenkonflikten gilt es, über die Grenzen der Schutzgebiete hinaus, der weiteren Verschmutzung des Wassers und der Luft Einhalt zu gebieten.

Täglich kommt die Flut

Sechseinhalb Stunden später kommt die Flut. Das Meer schiebt sich kraftvoll vorwärts, erst nur in einem System aus tiefen Rinnen im Wattboden, den sogenannten Prielen, bis das Wasser schließlich über die Ränder schwappt und das Watt auf ganzer Fläche bedeckt. Alles ist jetzt Wasser und Wind. Eine Sandbank wandert mit Millimeterschritten zur Küste, so langsam, daß das Auge die Bewegung nicht wahrnehmen kann. Brandgänse und Eiderenten, die eben noch Muscheln im feuchten Watt gesammelt haben, drängen sich jetzt zu Tausenden auf höhergelegenen Sandbänken, während das Wasser weiter steigt.

Die Nationalparks

Der Naturraum Wattenmeer dehnt sich vom niederländischen Den Helder bis nach Esbjerg in Dänemark aus und bedeckt als größtes Wattengebiet der Erde eine Fläche von etwa 8.000 qkm. Rund zwei Drittel davon entfallen auf die deutsche Küste, wo die drei Nationalparks Schleswig-Holsteinisches Wattenmeer, Niedersächsisches Wattenmeer und Hamburgisches Wattenmeer auf ihren insgesamt mehr als 500.000 Hektar dafür sorgen sollen, daß bis zu 4.000 auf den Lebensraum Wattenmeer spezialisierte Tier- und Pflanzenarten langfristig überleben können.

Das Wattenmeer - ein einmaliger Lebensraum

Die Nordsee hat eine ganz besondere Eigenschaft: Entlang der Küste ist dieses Meer ungewöhnlich flach. Der Meeresboden fällt in Richtung der offenen See teilweise nur wenige Zentimeter pro Kilometer ab. In dem bis zu 20 Kilometer breiten Bereich zwischen

Festland und offener See arbeiten die Gezeiten, der Wind und Sturmfluten gemeinsam und unermüdlich seit über 10.000 Jahren an dem natürlichen „Kunstwerk“ namens Wattenmeer.

Die Flut trägt zweimal täglich das Material heran, aus dem das Watt gemacht ist: Sand, Schluff und Ton. Und am Ende jeder seiner kilometerlangen „Wattwanderungen“ bis zur Küste ist das Wasser so träge, daß es zuerst den schweren Sand auf den Meeresboden fallen läßt und schließlich auch die leichteren Schluff- und Tonpartikel. Eine einzige schwere Sturmflut jedoch kann wieder bis zu 30 Zentimeter der mühsam aufgetragenen Wattoberfläche mit sich reißen. Wasser und Wind häufen mancherorts Sandmassen zu großen Inseln auf. Bei Ebbe greift sich der ständig wehende Wind unzählige der feinen Sandkörnchen aus dem bloßgelegten Watt und baut damit im Laufe von Jahrhunderten wilde Dünenlandschaften. So unterliegt die norddeutsche Küste mit ihren Inseln, Dünen, Miesmuschel- und Seehundbänken, Flußmündungen, Salz- und Seegraswiesen - und eben auch das Watt selbst - einer ständigen, natürlichen Veränderung. Aber auch der Mensch nimmt seit vielen hundert Jahren Einfluß auf die Dynamik des Wattenmeeres.

„Wer nich dieken will, de mut wieken“

„Wer nicht will deichen, der muß weichen“, lautet eine uralte Lebensweisheit der Friesen. Oder auch „Gott schuf das Meer, der Friese

Mies- und Herzmuscheln sind häufige Bewohner, die tief eingegraben im Wattboden leben. Manchmal allerdings werden sie freigespült und sterben dann ab. Ihre Schalen findet man verstreut im Watt und an den Stränden der Nordseeinseln. Auch die Schalen der Amerikanischen Schwert- oder Scheidenmuscheln (Ensis directus, syn. E. americanus) finden sich stellenweise in großen Mengen.

Der Nahrungsreichtum des Watts stellt eine wichtige Nahrungsgrundlage für viele Brutvögel aus dem hohen Norden dar. Zahllose Vögel legen sich während ihrer Rast im Wattenmeer die Fettreserven zu, die später für eine erfolgreiche Brut benötigt werden. Dabei halten sich viele der Arten im Laufe eines Jahres hier länger auf als in ihren Brutgebieten.

Brandgänse gehören zu den typischen Küstenbrutvögeln des Wattenmeers. Eine Brandgans sucht im trockengefallenen Watt nach ihrer Hauptnahrung, den Wattschnecken, die zu Hunderttausenden auf der Wattoberfläche leben. Ein spektakuläres Ereignis bietet die alljährliche Mauser der Brandgänse in den Gebieten um Trischen und Scharhörn. Die gesamte nordwesteuropäische Population, etwa 180.000 Vögel, wechselt hier zwischen Juli und September das Großgefieder.

Der Sandregenpfeifer gehört zu den typischen „Ebbegästen" des Wattenmeeres: Sobald das Wasser abgelaufen ist, begibt er sich zur Nahrungsuche in die Watten, wobei er vorwiegend die Oberfläche nach Kleingetier absucht. Sein Nest ist nicht viel mehr als eine ungeschützte, flache Mulde im Sand.

Auf den Salzwiesen um den Leuchtturm von Westerhever rasten bei Hochwasser unzählige Zugvögel. Aus Gründen des Küstenschutzes wird der größte Teil der Westerhever Salzwiesen intensiv von Schafen beweidet. Die Beweidung fördert die Durchwurzelung des Bodens und macht ihn fester.

das Land". Kaum etwas könnte den nun schon seit tausend Jahren anhaltenden Kampf der Menschen gegen das Meer besser beschreiben als diese Sätze.

Spätestens seit dem frühen Mittelalter beschäftigen sich die Menschen mit dem Deichbau. Da sie die unberechenbaren Fluten des Meeres weder vertreiben noch lenken konnten, errichteten sie große Deiche, um das Wasser aufzuhalten und sich so gegen die unvorhersehbaren Sturmfluten zu schützen. Mit sichtbarem Erfolg: Bereits um 1300 war die deutsche Nordseeküste größtenteils eingedeicht. Der immer perfektere Deichbau schuf eine glatte, unzerklüftete Küstenform, die dem Meer nur noch geringe Angriffsflächen bot.

Darüber hinaus errichteten die Friesen die Deiche aber auch zur Landgewinnung. Durch diese mühevolle Arbeit gelang es den Küstenbewohnern im Laufe der Jahrhunderte, mit immer weiter vorgelagerten Deichanlagen große Teile des Wattenmeeres trocken zu legen und das so gewonnene Land in fruchtbare Weiden und Äcker zu verwandeln.

Ein ganz besonderer Massentourismus

Das auf den ersten Blick ein wenig öde daliegende Watt entpuppt sich in Wirklichkeit als zweitproduktivstes Ökosystem der Erde - nur die Tropischen Regenwälder übertreffen diesen Lebensraum an lebendiger Biomasse. Mikroskopisch kleine Kieselalgen leben dicht an dicht als brauner Überzug auf dem Schlick. Nicht wenige Bewohner des Sand- oder Schlickbodens führen dagegen ein unterirdisches Dasein, um bei Ebbe die Gefahr zu verringern, auszutrocknen oder gefressen zu werden. Und so spaziert jeder Wattwanderer nichtsahnend mit jedem Schritt über bis zu 100 Millionen Kieselalgen, Schnecken, Würmer, Muscheln, Garnelen und hin und wieder sogar über einen jungen Plattfisch. Die meisten im Watt lebenden Fischarten warten die Ebbezeiten jedoch auf offener See oder in den wasserführenden Prielen ab.

Der reich gedeckte Tisch der Watten hat einen „Massentourismus" von ganz besonderer Art zur Folge: Schätzungsweise 10-12 Millionen Watvögel, Gänse, Enten und

Möwen kommen jährlich während des Vogelzuges aus Nordeuropa, Nordasien und Ostkanada an das gesamte Wattenmeer, um eine Flugpause einzulegen und das fast unermeßliche Angebot an Nahrung im Wattschlick in Anspruch zu nehmen. Dann müssen die „Einheimischen“ Brutpaare (etwa 85.000 allein an der Küste Schleswig-Holsteins) - schon mal ein bißchen enger zusammenrücken.

Eingedeichte Weideflächen für Schafe und natürliche Salzwiesen liegen in den Nationalparks oft dicht beieinander. Die Salzwiesen bilden die dynamische Nahtstelle zwischen dem Watt und dem Festland. Durch großflächige Eindeichungen gingen in den vergangenen 30 Jahren bereits über 65 % der Salzwiesen des Wattenmeeres verloren.

Unwetter verursachten an der Nordseeküste immer wieder schwere Sturmfluten, die dann weite Landflächen unter Wasser setzten und die Gestalt der Küstenlinie veränderten. Erst durch den Deichbau konnten sich die Menschen vor der zerstörerischen Kraft von Sturm und Meer erfolgreich schützen.

Etwa 200.000 Eiderenten nutzen die zahlreichen Sandbänke im Wattenmeer als Rast- und Mausergebiet. Wie fast alle Entenarten verlieren auch sie in der Mauser ihre Schwungfedern und sind für etwa vier Wochen flugunfähig. Die meisten von ihnen kommen für diese Zeit aus den Ostseegebieten, aber nur etwa 1.100 Eiderenten-Paare nutzen das Watt als Brutgebiet, größtenteils auf der Insel Amrum.

Ein typischer Bewohner des Sandwatts ist der Watt- oder Pierwurm. Bei Niedrigwasser verraten Abertausende von Kothäufchen aus Sand seine Anwesenheit. Der Wurm selbst wohnt in einer u-förmigen Röhre unter der Wattoberfläche. Während die geschlängelten Ausscheidungen des Pierwurms das Ende, den Ausgang der Wohnröhre, markieren, kennzeichnet die kleine, rechts danebenliegende Mulde die „Kopfseite“ der Röhre. Durch diesen „Einsturztrichter“ einfallender, organische Nährstoffe enthaltender Sand wird hier von den Tieren aufgenommen.

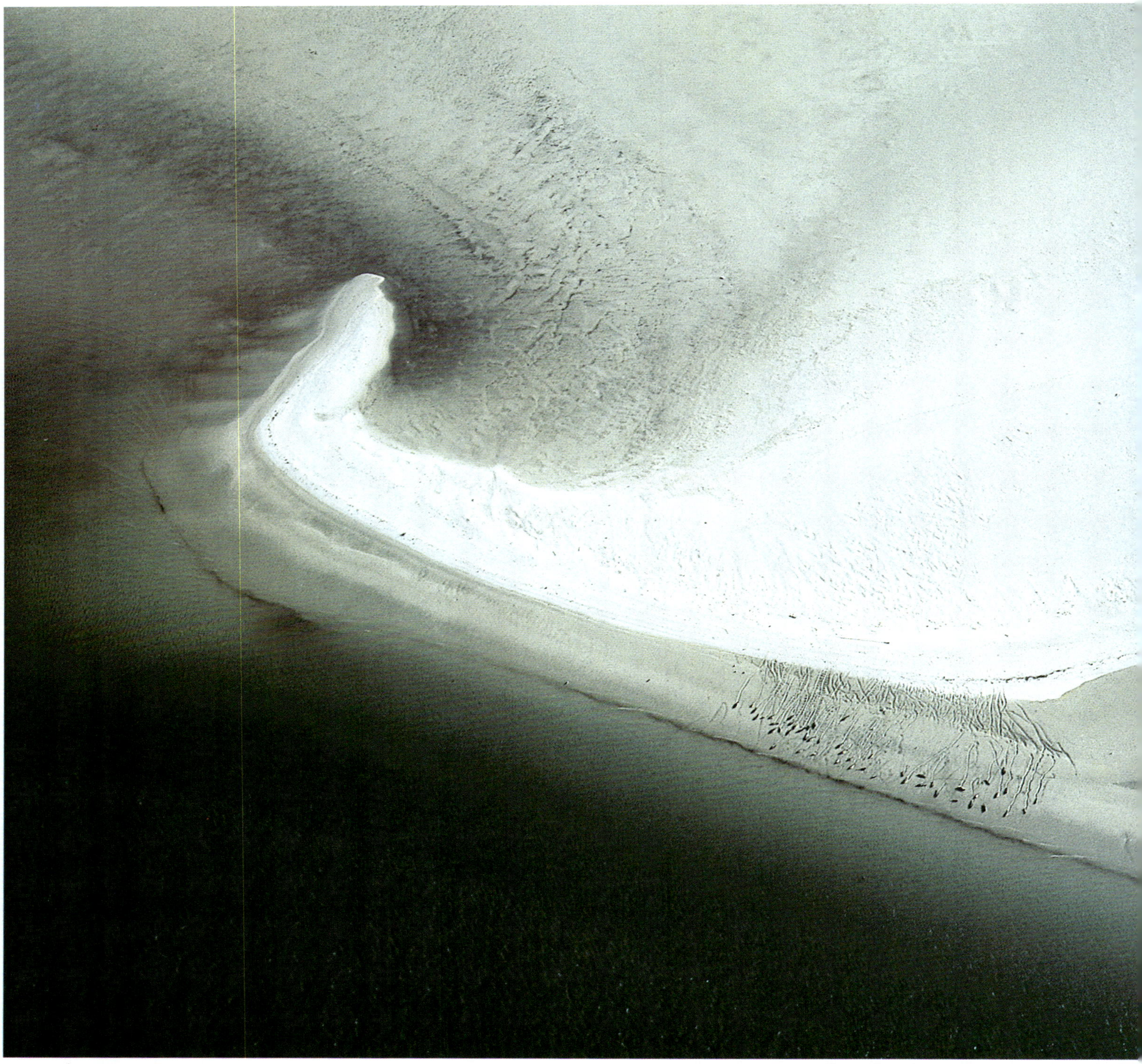

Bei Niedrigwasser suchen Seehunde bevorzugt Sandbänke an tiefen Prielen auf. Dort ruhen sie, um bei Gefahr sofort ins tiefe Wasser flüchten zu können. Auf den Sandbänken werden im Sommer auch die Jungen geboren, die ihren Müttern bereits kurz nach der Geburt, mit der nächsten Flut, ins Wasser folgen.

Wenn das Wasser bei Ebbe abgelaufen ist, kann man eine für das Sand- und Mischwatt durch Seegang und Strömungen hervorgerufene typische Riffelung der Oberfläche erkennen.

Wie eine lebensspendende Wasserader durch eine trockene Wüste zieht sich dieser Priel durch das trockenliegende Sandwatt bei Pellworm. Auf dem Luftbild sind deutlich die dunkleren Stellen am Wattboden zu erkennen; es sind mikroskopisch kleine Kieselalgen, die als bräunlicher Überzug das Watt bedecken.

Hunderttausende im Wattengebiet rastende Gänse sind vor allem auf die Vegetation der Verlandungszonen und der Salzwiesen als Nahrung angewiesen. Zwischen diesen Schwarm tausender Bläßgänse hat sich eine arktische Nonnengans „verirrt", an ihrem weißfarbenen Kopf kann man sie von den Bläßgänsen unterscheiden. Da sich verschiedene Gänsearten die gleichen Nahrungsgründe teilen, sind solche gemischten Gruppen nichts Außergewöhnliches.

Die blaugrün schimmernde Stranddistel ist an der Nordseeküste selten geworden. Mit ihren außergewöhnlich langen Wurzeln gehört sie zu den typischen Dünenpflanzen, die auch eine Zuschüttung durch Sand gut erträgt; die jungen Sprosse drängen sich immer wieder zum Licht. An ihren salzigen Lebensraum hat sich die Distel hervorragend angepaßt: Ihre Samen können länger als einen Monat in Salzwasser liegen, ohne ihre Keimfähigkeit einzubüßen.

Im Frühjahr erwachen die Salzwiesen zum Leben: Büschel zartrosafarbener Strandgrasnelken heben sich vom Dunkelgrün des Andelrasens ab. Im Spätsommer verwandelt der Strandflieder die Wiesen in ein lila Blütenmeer. Die Pflanzen der Salzwiesen haben sich auf ihren Lebensraum spezialisiert, einige haben z.B. Drüsen gebildet, um überflüssiges Salz auszuscheiden.

Den Säbelschnäblern dienen die Salzwiesen als Brutgebiet, wo sie oft große Kolonien bilden. Ihre Nahrung suchen sie dagegen, wie viele andere Vogelarten, im trockengefallenen Watt. Mit ihrem langen, aufwärtsgebogenen Schnabel durchsieben sie das seichte Wasser nach Kleintieren.

Seeschwalben sind die „kleineren" Verwandten der Möwen. Flußseeschwalben brüten in abgelegenen Kolonien entlang der Nord- und Ostseeküste. Sie sind zu erkennen an ihrer schwarzen Schnabelspitze. Ihre Nahrung besteht aus kleinen Fischen, die sie in den Prielen im Sturzflug aus dem Wasser erbeuten.

Die häufigste Möwenart der Nordseeküste ist die Silbermöwe. Sie ist äußerst anpassungsfähig und profitiert ganz besonders von der Fischerei, da oft ein erheblicher Teil des Fanges als nicht verwertbar wieder über Bord der Kutter geworfen wird und den Möwen als leichte Beute zur Verfügung steht.

Wie ein düsteres, arktisches Meer wirkt das Wattenmeer mit seinen treibenden Eisschollen. Durch die starken Gezeitenströmungen bilden sich große, offene Wasserflächen, Straßen gleich.

Entlang der Küste der Hallig Hooge entstand durch strengen Frost ein einzigartiges Gebilde. Aus der Luft betrachtet sieht man gefrorene Schlickflächen und abgebrochene, driftende Eisschollen. Die Schiffahrt wird bei solchen Eisverhältnissen eingestellt.

Ein typischer Bewohner der Dünen ist der Strandhafer. Er siedelt bevorzugt auf den etwas salzärmeren, dem direkten Einfluß des Meeres bereits entzogenen Weißdünen. Wenn der Wind den Strandhafer mit feinem Sand zuschüttet, wachsen seine Sprosse oben wieder heraus. Mit ihren ausgedehnten Wurzelwerken verfestigen die Gräser die immer höher wachsenden, veränderlichen Sandverwehungen. So entsteht aus dem losen Sand mit der Zeit eine Düne.

Schnabelform und Schnabellänge spielen für die Watvögel bei der Nahrungssuche im Watt eine entscheidende Rolle. Konkurrenz zwischen den Arten wird dadurch weitgehend vermieden. Vogelarten wie der Rotschenkel (im Bild) mit einem langen, kräftigen Schnabel können tief im Boden lebende Tiere erbeuten, flach unter der Oberfläche siedelnde Tiere erreichen sie dagegen nicht.

Die zwischen Erde, Mond und Sonne herrschenden Anziehungs- und Fliehkräfte sind verantwortlich für das Entstehen der Gezeiten. Als Folge der Wechselwirkungen zwischen den Himmelskörpern entsteht jeden Tag je zweimal Ebbe und Flut. Wenn sich bei Neumond oder Vollmond Sonne, Mond und Erde in einer Linie befinden, wirken diese Kräfte besonders stark, so daß es zu den sogenannten „Springtiden" kommt, bei denen die Flut sehr viel höher ausfällt als gewöhnlich.

Am Darßer Haken entsteht durch die Ablagerung von angespülten Sand ständig Neuland, der sogenannte „Sandhaken“. Dieser andauernde Prozeß läßt die hakenförmigen Sandbänke immer wieder ihr Gesicht verändern.

Aus der Luft sind die Verlandungszonen am Bessin, der Nordspitze der Insel Hiddensee, gut zu erkennen. Auf den jungen Sandbänken können Schilf und Strandpflanzen schon bald Fuß fassen.

Nationalpark Vorpommersche Boddenlandschaft

Symbolisch Neuland betreten

Nahezu senkrecht steigt die Steilküste der Insel Hiddensee aus dem Wasser. Ein starker Wind peitscht das Meer zu hohen Wellen. Unbarmherzig schlagen sie gegen das sandige Kliff. Wieder und wieder brechen Teile aus der Wand und werden von der Strömung mitgerissen, um an anderer Stelle wieder neues Land entstehen zu lassen.

Von dieser eindrucksvollen Kormorankolonie auf der Insel Tollow bei Zudar (außerhalb des Nationalparks) sind inzwischen nur noch die geisterhaften Baumruinen zu finden. Durch den Kot der Kormorane sind die Bäume im Laufe der Zeit abgestorben.

Wo das Meer die Küste abträgt, werden nahe dem Ufer wachsende Bäume mit der Zeit freigespült und schließlich von den Wellen mitgerissen. An den Stränden der Halbinsel Zingst werden immer wieder die Überreste solcher Bäume als Treibholz an Land gespült.

NATIONALPARK VORPOMMERSCHE BODDENLAND-SCHAFT

Neuland entsteht ständig

Mit nach geologischem Ermessen rasanter Geschwindigkeit nehmen der südliche und die beiden nordöstlichen Zipfel der Insel Hiddensee, „Alter Bessin" und „Neuer Bessin", an Fläche zu. Der „Neue Bessin" existiert überhaupt erst seit den 30er Jahren, und in manchen Jahren wächst diese Sandplatte bis zu 40 Meter ins Meer hinein - nur die künstliche Freihaltung der Schiffahrrinnen verhindert, daß Hiddensee einmal Teil der Insel Rügen werden kann. Weil menschliche Badegäste an den jungfräulichen Stränden fehlen, finden sich hier gefiederte Gäste wie Sandregenpfeifer und Zwergseeschwalben zur Brut ein. An den meisten anderen Ostseestränden sind ihre sandfarbenen Eier trotz der perfekten Tarnung nicht vor Zerstörung sicher.

Naturlandschaften sind rar heutzutage

Naturlandschaften sind heute weltweit „vom Aussterben bedroht", bedenkenlos wurden und werden sie verbraucht und zerstört. Auch in den deutschen Nationalparks ist die Natur größtenteils stark verändert, und so beschäftigt man sich dort oft mehr mit der mühseligen Renaturierung bestenfalls „naturnaher" Lebensräume als mit dem Erhalt eigentlicher Naturlandschaften.

Die Ostküste Vorpommerns macht hier eine bemerkenswerte Ausnahme: Auf der Insel Hiddensee, auf den Dünen von Pramort oder auch am „Darßer Ort" könnte man selbst heute noch „Neuland betreten"; das Nationalparkamt wacht allerdings sorgsam darüber, daß das möglichst nicht geschieht. Tagtäglich entsteht an jenen Orten unter dem Einfluß von Wasser, Wind und unzähligen

Pramort bildet den östlichsten Punkt der Halbinsel Zingst. Von dort sind es nur wenige Minuten Fußweg zur Hohen Düne und den sie umgebenden Dünenfeldern am Außenstrand. Mit mehr als 13 m Höhe ist sie eine der höchsten Dünen an der Ostseeküste. Neben dem Darßer Ort befindet sich hier die wichtigste natürliche Zone der Neulandbildung.

Sandkörnern neues Land. Der „Darßer Ort" wuchs in nur 300 Jahren stolze 2,5 Kilometer ins Meer hinein! Keine langwierige Forschung muß dort rekonstruieren, wie es einmal aussah, denn wo Neuland entsteht, ist ein Teil Natur am Anfang ihres Werdens.

Junge süße Landschaft

Schon seit 7.000 Jahren vollzieht sich die Bildung von Neuland an der Vorpommerschen Küste. Nur drei kleine Inseln schauten zu Anfang aus der damals noch jungen Ostsee. Seitdem hat die Kraft des Meeres mit Unmengen von Sand die ursprünglichen Erhebungen vergrößert und manche davon sogar miteinander verbunden. Zwischen diesen Inseln und Halbinseln und der eigentlichen Küste erstrecken sich heute die schilfbestandenen Boddengewässer. Der Lauf der Jahrtausende hat diese meist sehr flachen Buchten weitgehend von Land eingeschlossen und damit von der offenen See abgetrennt. Dem Meerwasser bleibt heute der Zugang zu den Boddengewässern fast

Die Bäume, die am Weststrand des Darßes noch nicht dem Meer zum Opfer gefallen sind, zeigen ganz eigenartige Wuchsformen. Die Kronen dieser „Windflüchter" wurden von den meist landwärts herankommenden, starken Winden in eine Richtung verformt; Jahr für Jahr hat der Wind durch mitgeführte Sandkörnchen die jungen Triebe auf ihrer Windseite abgeschliffen, oder die weichen Knospen erst gar nicht austreiben lassen.

Der West-Darßer Strand ist berühmt für seine wilde, naturgeformte Küstenlinie. Die tobende Meeresbrandung trägt dort die Küste immer weiter ab, unterspült das Wurzelwerk der Bäume und reißt sie ins Meer. So frißt sich die Küstenlinie tiefer und tiefer in die Wälder auf dem Darß hinein.

An besonders steilen, sandigen Abbruchkanten fängt sich der Wind und verwirbelt den Küstensand. Die Luft wird an solchen Bereichen von unzähligen kleinen sandigen Körnern erfüllt, so daß eine sogenannte „Sandmühle“ entsteht.

Der heutige Wald auf dem Darß ist auf großen Flächen das Ergebnis einer mehr als hundertjährigen Nutzung, während anstelle der ursprünglichen Buchenwälder Nadelforste angelegt wurden. Im Nationalpark sollen die Wälder nun künftig sich selbst überlassen oder schrittweise in einen naturnahen Mischwald überführt werden.

überall auf natürliche Weise versperrt. Dafür hat sich das Süßwasser an vielen Stellen Einlaß verschafft und sich mit dem salzigen Element zu Brackwasser verdünnt.

Der geringe Salzgehalt des Boddenwassers bekommt vielen typischen Meeresorganismen nicht mehr und wird so von ihnen gemieden. Der Ostsee-Hering allerdings bildet hier eine Ausnahme und besucht regelmäßig die flachen Buchten, um zu laichen.

Das Windwatt

Ebbe und Flut haben in den Bodden also keine Chance, zu groß ist die Abgeschlossenheit der Buchten vom Meer. Nur gelegentlich drängen starke Festlandtürme das Wasser aus den Bodden hinaus in die Ostsee, so daß einige besonders flache Bereiche dann bloß liegen. Tagelang kann dieses sogenannte Windwatt nun trockenliegen, bis der Wind endlich dreht und das Wasser zurückfließt. Millionen von Zugvögeln werden im Herbst von diesen außergewöhnlichen Flachwassergebieten angezogen. Ihr Nahrungsreichtum läßt sich durchaus mit dem der Nordseewatten vergleichen. Für den grauen Kranich sind die Windwatten während der Zugzeiten der wichtigste Schlafplatz in Westeuropa. Abends verdunkelt sich der Himmel wie von einem herannahenden Unwetter, wenn bis zu 35.000 Kraniche vom täglichen „Mais-Stoppeln“ auf den umliegenden Äckern zurückkehren, um in den seichten Wassern des Watts zu ruhen.

Die Wasserverschmutzung ist das größte Problem des Nationalparks

Leider ist auch der Nationalpark Vorpommersche Boddenlandschaft nicht ausschließlich naturbelassenes Idyll. Die Nutzung durch den Menschen hat mancherorts zwar wertvolle Heidelandschaften, blühende Salzwiesen und schützenswerte „Vogelinseln“ entstehen lassen, weitaus häufiger aber auch massive Zerstörung mit sich gebracht. Industriemäßige Landwirtschaft seit den 30er Jahren und intensivste Güllewirtschaft haben den Nährstoffhaushalt des Boddenwassers völlig überlastet. Die meisten Salzwiesen entlang der Küste wurden eingedeicht und in der Folge „kaputtgenutzt". Funktionierende Kläranlagen für Bewohner der Dörfer wie auch für die immer größeren Touristenmassen fehlten bislang.

Dazu kommt die zunehmende, schwer zu beeinflussende Verschmutzung der Ostsee, die auch vor den küstennahen Flachwasserbereichen nicht halt macht. Einige der spezialisierten Brackwasser-Fischarten sind bereits verschwunden oder vom Aussterben bedroht.

Auch der Fischadler ist nicht mehr anzutreffen, da die fehlende Sichttiefe der Bodden, durch die hohe Nährstoffbelastung so gering geworden ist, daß der als Stoßtaucher jagende Fischfänger aufgeben mußte.

Im nördlichen Teil des Darßwaldes (dem Neudarß) ist noch erkennbar, nach welchem System die Landbildung vieler Küstenbereiche vor sich ging. Das Meer schüttete Sand zu Strandwällen (den sogenannten Reffen) auf, zwischen denen flachere Bereiche (die Riegen) lagen. 140 solcher Reffen mit den dazwischenliegenden Riegen bilden den Untergrund des Neudarßes. Auf einem dieser alten Strandwälle am Alt Darßer Kliff wachsen heute die ältesten Buchen des Darß.

Eine landschaftliche Besonderheit der Insel Hiddensee stellt ihre ausgedehnte Dünenheide dar. Die Abholzung der ehemaligen Wälder seit der Gründung eines Zisterzienserklosters im 13. Jahrhundert auf der Insel und die nachfolgende Beweidung vor allem durch Schafe ließ auf dem kargen, welligen Sandboden eine charakteristische Heidelandschaft mit Besenheide, Krähenbeere und Kriechweide entstehen.

Bereits im 17. Jahrhundert war die ehemals flächendeckend bewaldete Insel waldfrei. 1861 wurde mit der Aufforstung des heutigen Dornbuschwaldes im Norden der Insel begonnen. Aus dieser Zeit dürfte auch die einsame, vom Küstenwind zerzauste Kiefer im Bild stammen.

Die Besenheide (besser bekannt als „Heidekraut“) ist eine der bestandsbildenden Arten der Dünenheide auf Hiddensee. Als niedrig wachsende, genügsame und gegen Trittschäden resistente Pflanze konnte sie sich auf dem ehemaligen Weideland ausbreiten. Ab August überzieht die Besenheide die Landschaft mit einem violetten Blütenteppich.

Auf den sandigen, wenig bewachsenen Neulandflächen an der Nordspitze der Insel Hiddensee brütet die kleinste der europäischen Seeschwalben, die Zwergseeschwalbe. Die meisten anderen Strände werden von den Besuchern der Ostseeküste als Badestrände beansprucht, so daß der Zwergseeschwalbe nur noch wenige ungestörte Brutplätze bleiben.

Die Meeresströmungen lassen aus der Luft betrachtet, wie hier am Alt Darßer Haken, die unterschiedlichsten Farbabstufungen entstehen. Aufgrund der Farbigkeit und der Klarheit des Wassers nennt man diesen Abschnitt „Die Karibik der Ostsee".

Östlich der Halbinsel Zingst ist das Wasser schon bei normalem Pegelstand sehr flach, so daß einzelne Sandbänke über die Wasseroberfläche ragen. Bei Windebbe fällt jedoch eine riesige Sandplatte trocken. Inmitten dieses Windwatts liegen die Werderinseln. Es sind unbewohnte Grasinseln, die als Kerngebiete des Nationalparks allein den Vögeln vorbehalten sind.

Nicht umsonst hat man Hiddensee mitsamt seinen angrenzenden Wasserflächen zum Nationalpark zugehörig erklärt. Die Flachwassergebiete und Röhrichtgürtel, die die Insel in weiten Teilen umgeben, heben sich auf dem Luftbild farblich deutlich vom Grün des Inselinneren und vom dunklen Boddenwasser ab. Schwänen und vielen anderen Vogelarten bietet das Schilf geeignete Lebensräume.

Die Boddenlandschaft gilt als wichtigster Kranichrastplatz in Mitteleuropa. Bis zu 35.000 dieser großen grauen Vögel fallen zu den Zugzeiten abends in die Flachwasser-gebiete des Nationalparks ein, um die Nacht sicher im Wasser stehend zu verbringen. Tagsüber äsen die Kraniche mit Vorliebe auf den abgeernteten Maisfeldern in der umliegenden Region.

Kormorane werden wegen ihres schwarzen Gefieders auch „Seeraben" genannt. Ihre große Kolonie auf den hohen Bäumen wirkt in dieser Vollmondnacht wie eine geheime Versammlung. Die Fischzüchter sind leider nicht gut Freund mit den Kormoranen. Als lästigen Konkurrenten bejagten sie den schwarzen Fischfänger jahrzehntelang.

Nur 30 Quadratkilometer mißt der Nationalpark Jasmund auf der Ostseeinsel Rügen und ist somit der kleinste in ganz Deutschland. Doch die unersetzliche Vielfalt seiner Natur und seine einzigartigen, mächtigen Kreidefelsen rechtfertigen trotz der geringen Flächenausdehnung des Gebietes diese Schutzkategorie.

Nationalpark Jasmund

Kreidekliffs und Bergwälder

Durch düstere Buchenwälder, vorbei an Mooren, kleinen Sümpfen und einem tausendjährigen slawischen Burgwall führt der Weg. Unvermittelt öffnet sich der Wald. Man tritt hinaus auf die fast baumlose, weiß glänzende Fläche des Königsstuhls. Um den kreidenen Felsen herum verschmelzen Himmel und Meer zu einem einzigen, tiefen Blau. Vorsichtig tastet sich der Blick an den steil abfallenden Kreideklippen hinunter. In der Tiefe umspült die Ostseebrandung die Steine.

An den Stränden entlang der Steilküste finden sich immer wieder große Findlinge. Sie stammen aus Skandinavien, von wo die Gletscher der Eiszeiten sie hierher transportierten. Jetzt werden sie von Algen besiedelt, die wie gekräuselte grüne Fäden in der Brandung hin- und hergerissen werden.

Entlang der Küste eröffnen sich immer neue Ausblicke auf die bizarre Formenvielfalt der Kreidefelsen, wie hier von der Viktoria-Sicht unweit des berühmten Königsstuhls. Eine Gedenktafel erinnert daran, daß schon 1865 der preußische König Wilhelm I. den schönen Ausblick von diesem Punkt aus genoß.

Der größte Teil der Nationalparkfläche ist mit Wald, vorwiegend Buchen, bestanden. Als die Slawen vor vielleicht 1.000 Jahren in die Region kamen, nannten sie die Waldlandschaft „Stubnitz", das heißt „Stufenland", was sich auf deren abwechslungsreichen, stufigen Aufbau bezieht. Dieser Name ist bis heute als Bezeichnung der Waldlandschaft auf Jasmund erhalten.

Nationalpark Jasmund

Jasmund - Teil der Insel Rügen

Ein Blick auf die Landkarte läßt den unruhigen Umriß der Insel Rügen erkennen. Abwechslungsreich wie die Küstenlinie ist auch die Natur dieser mit 926 qkm größten deutschen Insel: In einem faszinierenden Nebeneinander erscheint eine Landschaft, die an ihrer Küste immer wieder natürlichen Veränderungen ausgesetzt ist.

Die Halbinsel Jasmund mit ihrer etwa neun Kilometer langen Kreideküste zwischen Stubbenkammer und Saßnitz und ihren urwüchsigen Rotbuchenwäldern bildet das „Schatzkästchen" Rügens. Weil die Buchen oft noch an den äußersten Rändern der Kreideklippen wurzeln, gingen diese als „Bergwald am Meer" in die Literatur ein.

Gleichzeitig sind die Kreidekliffs auch das Herzstück des Nationalparks Jasmund: Die Küste präsentiert sich als ein Mosaik aus bleichen, vegetationslosen Steilhängen, Hangwäldern und scharfen Abbruchkanten. In den hellen Kreidefelsen fallen an manchen Stellen schwarzgraue Streifen auf - der Fels ist durchzogen von Bändern aus Feuerstein. Aus dem Inneren der Insel dringen tief eingeschnittene, üppig bewachsene Uferschluchten bis zum Meer und gehen zu Füßen der Kliffs allmählich in schmale, steinige Strände über.

Die Kreidefelsen werden immer kleiner - auf natürliche Weise...

Für die Ewigkeit sind die weißen Felsen Rügens nicht gemacht. Auch wenn die Kreidekliffs nun schon seit Jahrtausenden der Gewalt des Meeres scheinbar erfolgreich trotzen, wird die Steilküste durch die ständig an ihr nagende Erosion Jahr um Jahr ein wenig kleiner. Jeder Sturm fordert erbarmungslos seinen Tribut von den so massiv aussehenden Klippen. Mürbe geworden durch die tosende Brandung, brechen dann

mächtige Stücke aus den Felsen und reißen Bäume und Sträucher mit sich ins Meer.
Stunden später, wenn sich die Ostsee wieder beruhigt hat, schaukeln meist nur noch ein paar kleine Holzreste im türkisblauen Wasser.
Die anrollenden Wellen lösen dabei immer wieder versteinerte Reste von Seeigeln, Schwämmen oder Austern aus der Kreideküste, die hier vor ca. 70 Millionen Jahren das Kreidemeer bevölkerten und in das weiße Gestein eingeschlossen wurden. Auch Findlinge kommen bei diesem Prozeß zum Vorschein. An manchen Stränden türmt die Meeresbrandung diese großen, rundlichen Felsblöcke zusammen mit glattgeschliffenen Feuersteinen zu hohen Steinwällen auf.

... und durch den Einfluß der Menschen

Im vergangenen Jahrhundert wurden viele der größeren Findlinge von den Strand- und Flachwasserbereichen der Küste für den Bau der Mole des Rügener Städtchens Saßnitz entnommen. Vorher hatten diese Steine als natürliche Wellenbrecher gedient; nach ihrem Abtransport konnte das Wasser der Ostsee nun ungehindert am Fuß der Steilküste nagen und die Abtragung der Kreide unnatürlich stark vorantreiben.
Mit der beginnenden Industrialisierung kam es außerdem schon früh zu einer rapide ansteigenden Nachfrage nach der Rügener Schreibkreide. Auf der Halbinsel Jasmund wurden zahlreiche Kreidebrüche angelegt, um das begehrte Material abzubauen. Ehemalige Kreidebrüche sind heute willkommene „Ersatzbiotope“ für kalk- und trockenheitsliebende Orchideen und seltene Kalkmoose.
Es war aber auch der Kreideabbau, der 1926 den entscheidenden Anstoß gab für die Ausweisung eines Naturschutzgebietes an der Küste nördlich von Saßnitz. Auf diese

Der Nationalpark Jasmund zieht seit seiner Entstehung 1990 jährlich Millionen von Besuchern in seinen Bann. Der Wanderpfad durch die Stubnitz zum Königsstuhl wurde im Jahre 1794 angelegt, bereits damals war man sich der besonderen Schönheit der Kreidelandschaft bewußt. Auch heute noch läßt sich im Nationalpark unberührte Natur von den zahlreichen Aussichtspunkten entlang der Küste erleben.

An den schmalen Stränden zu Füßen der weißen Felsen begegnet man mit jedem Schritt einem Stück Erdgeschichte - in Form von Feuersteinen, Belemniten (Donnerkeilen) und anderen versteinerten Meereslebewesen (Bild unten). Das Meer hat sie aus abgebrochenen Kreidestücken freigewaschen und an den Strand gespült. Die Entstehung der Kreide reicht viele Millionen Jahre zurück, in eine Zeit, als die ganze Landschaft von einem großen Meer, dem Kreidemeer, bedeckt wurde. Auf dem Meeresgrund sammelten sich die Kalkreste abgestorbener Meeresorganismen und verfestigten sich mit der Zeit zu Kreidegestein. Dabei wurden tote größere Tiere wie Seeigel oder Austern in die Kreide eingeschlossen.

Eine der eigenartigsten Gesteinsformationen der Jasmunder Kreideküste stellen die Wissower Klinken im südöstlichen Teil der Insel dar. Wind und Wasser haben ihr heutiges Aussehen geprägt; Jahr für Jahr fallen weitere Zentimeter Kreide der andauernden Erosion zum Opfer.

Der mitten im Wald gelegene Herthasee ist immerhin 11 Meter tief. Einer Sage nach pflegte die Germanengöttin Hertha nach anstrengenden Tagen im See zu baden. Diener und Dienerinnen, die ihr dabei halfen, wurden anschließend im Herthasee ertränkt. Keiner sollte von den heimlichen Badestunden der Göttin erzählen können.

Weise konnte damals eine bereits genehmigte Wiedereröffnung eines stillgelegten Kreidebruches vereitelt werden.

Bedrohtes Raritätenkabinett

Daß die Kreideküste und ihre angrenzenden Wälder sich bis heute in einem recht naturnahen Zustand erhalten haben, verdanken wir also nicht zuletzt jenen tatkräftigen Menschen, die in den 20er Jahren hier ein Naturschutzgebiet durchgesetzt haben. Viele Tiere und Pflanzen haben von diesem Engagement profitiert: So würde ein seit mindestens 100 Jahren von Mehlschwalben genutztes Kliff wahrscheinlich schon zu Kreideprodukten verarbeitet worden sein und die Mehlschwalbenkolonie nur noch in der Erinnerung existieren. Ungewöhnliche Baumarten wie Wildbirne, Wildapfel, Elsbeere oder Eibe finden auf den schrägen Kreidehängen noch einen geeigneten Lebensraum. In den glasklaren Quellbächen der Stubnitzwälder kriecht der kleine Alpenstrudelwurm, der sonst ausschließlich im Gebirge angetroffen wird. Die Kreideeule, ein cremefarbener Nachtfalter, hat auf Jasmund sogar ihr einziges Vorkommen in ganz Deutschland.

Der Kreideabbau innerhalb des Nationalparks gehört inzwischen der Vergangenheit an. 1990 trat die Verordnung über den Nationalpark Jasmund in Kraft. Die heutige Hauptaufgabe des Naturschutzes liegt in der sinnvollen Lenkung der zahlreichen Nationalparkbesucher. Mindestens 500.000 Menschen treten jährlich auf die kreidene Plattform des Königsstuhls, um einen Blick auf die von der Ostsee umspülten Kreidefelsen zu erhaschen. Die beiden „Wappenvögel“ Rügens, Wanderfalke und Seeadler, haben das Gebiet des Nationalparks bereits seit einiger Zeit verlassen. 1,5 Millionen Menschen, die den Nationalpark Jahr für Jahr besuchen, sind diesen scheuen Vögeln wohl einfach zu viel.

Die Wälder der Stubnitz sind mit zahlreichen abflußlosen Senken und Mulden durchsetzt. Meist sind es eiszeitliche „Toteislöcher". Nach dem Rückzug der Gletscher blieben große Eisblöcke liegen. Als auch dieses Eis allmählich abschmolz, füllten sich die entstandenen Mulden mit Wasser und bildeten kleine Seen. Wo die Seen verlandeten, finden wir heute die abflußlosen, sogenannten „Kesselmoore". Als typische Bewohnerin sumpfiger Standorte ist die Schwarzerle bestens an die dort herrschenden Bedingungen angepaßt. Sie bildet Wurzelknöllchen aus, in denen stickstoffbindende Mikroorganismen leben. Mit diesem Stickstoff versorgt sich der Baum und liefert den Bakterien im Austausch andere lebenswichtige Nährstoffe. Die Waldsümpfe bieten im Sommer auch Tausenden von Mücken und Fliegen eine geeignete Brutstätte.

Im zeitigen Frühjahr ist der Boden der Buchenwälder von einem Teppich aus blühenden Buschwindröschen bedeckt. Noch hat sich das Blätterdach der Buchen nicht vollständig geschlossen, so daß das Sonnenlicht bis auf den Waldboden dringen kann und den Blumen Wachstum und eine kurze Blütezeit erlaubt.

In den Wäldern der Stubnitz bieten die kleinen Waldbäche und Schluchten mit ihren Steilwänden einem der farbenprächtigsten heimischen Vögel, dem Eisvogel, hervorragende Jagdgründe. An den üppig bewachsenen Ufern der Wasserläufe findet er geeignete Ansitzwarten. Hat er einen Fisch oder ein anderes Wassertier entdeckt, schießt er blitzschnell und kopfüber ins Wasser und greift die Beute mit seinem dolchartigen Schnabel.

Dicht an dicht stehen die Buchen mit ihren glatten, grauschimmernden Stämmen in manchen Teilen der Stubnitzer Waldlandschaft. Wo Sonnenlicht bis auf den Grund des Waldes dringen kann, bedecken Blumen in den schönsten Farben den Waldboden.

Pilze bilden einen wichtigen Bestandteil im Recycling-Prozeß eines natürlichen Waldes. Wo Pflanzen absterben, dürfen Pilze als die wichtigsten Zersetzer toten organischen Materials nicht fehlen. In den totholzreichen Wäldern der Stubnitz sind sie in einer hohen Artenvielfalt anzutreffen.

Die Wissower Klinken in der Nähe des Küstenstädtchens Saßnitz inspirierten zahlreiche Künstler. Der Maler Caspar David Friedrich wurde durch das Gemälde, das er von den Kreideklippen malte, berühmt.

Licht- und Schattenspiele lassen die verschiedenartig ausgewaschenen Kalkwände der Kreidefelsen immer wieder fremd und anders erscheinen.

Einem Bollwerk gleich ragt der weithin bekannte Königsstuhl aus dem Rotbuchenwald und fällt dann 117 Meter steil ab zum Meer. Der mächtigste Felsen an der Küste von Jasmund bildet zusammen mit den landwärts anschließenden Waldgebieten das „Herzstück" des Nationalparks und ist Besuchermagnet für zahlreiche Touristen. Wer die Plattform des Königsstuhls betritt, dem wird kurz vorher eine leichte Bodenerhebung auffallen: Ein Hügelgrab aus der Eisenzeit bildet den Zugang hinaus zu dem Felsen.

Wo durch wieder und wieder nachrutschendes Material das Aufkommen von Wald verhindert wird, können sich lichtliebende Orchideenarten wie der Frauenschuh ansiedeln. Vor einigen Jahrzehnten war diese heute streng geschützte Pflanze durch Sammeln und Ausgraben fast ausgerottet.

Vor der Kreideküste tummeln sich in Ufernähe oft ganze Trupps von Höckerschwänen im Meer. Tief unten, zu Füßen der Wissower Klinken, scheinen sie auf den ersten Blick weiße Papierschiffchen zu sein, die auf der ruhigen See schaukeln.

Wer den Blick entlang der unregelmäßigen Küstenlinie schweifen läßt, dem wird auffallen, wie dünn die sich dunkel von der Kreide abhebende Humusschicht ist. Kein Wunder, daß die nagenden Wellen bei stürmischer See mit den nachrutschenden Kliffs immer wieder auch Bäume ins Meer reißen.

*Das Licht der aufgehende Sonne umspielt
die bunt durcheinander geworfenen Steinbrocken
am Strand und bricht sich stimmungsvoll
in den anrollenden Wellen der Ostsee.*

Traumhafte Ausblicke auf die Ostsee und die steinigen Strände bieten sich von zahlreichen Aussichtsplätzen entlang des Kliffs, das im Gebiet des Nationalparks nie von Küstenschutzmaßnahmen beeinflußt wurde. So werden auch weiterhin Teile der Kreideküste der Ostsee zum Opfer fallen und die Küstenlinie auf natürliche Weise gestalten und verändern.

Frühmorgens verschleiert Dunst und Nebel die weiten Überflutungsgebiete entlang der Oder. Auf einer Strecke von 45 Kilometern erstreckt sich der Nationalpark auf einer Breite von nur maximal 4 Kilometern. Versteckt hinter dem dichten Nebel fließt der breite Strom der Ostsee entgegen.

Nationalpark Unteres Odertal

Heimat Adebars

Mit dem Ende des Winters ergießt die Oder alljährlich ihre Fluten in die angrenzenden Flußauen. Nur einige größere Bäume und Sträucher ragen schließlich noch über die weiten Wasserflächen hinaus, eingehüllt in den morgendlichen Dunst aufsteigender Nebelschwaden. Scharen von Wasservögeln fallen dann in die Niederungen ein. Ihre Rufe vermischen sich zu einem ohrenbetäubenden Lärm. Enten, Gänse, Schwäne, Kraniche, Kormorane und Reiher überwintern hier oder nutzen die Oderauen als Rastplatz auf ihrem langen Weg in ihre Brutgebiete.

Von Ende November bis in den April bleiben die Poldergebiete im Odertal geflutet. Mit dem Frühjahrshochwasser präsentiert sich die Landschaft der Flußauen als ausgedehnte Wasserfläche, aus denen vereinzelte Baumgruppen oder Sträucher ragen.

Das gesamte Grenzgebiet entlang der Oder zwischen Polen und der ehemaligen DDR blieb während der Zeit des Kalten Krieges ein Niemandsland. Ein Großteil der Flüsse Europas sind seit langem begradigt, ausgebaut und für die Nutzung durch die Schiffahrt nachhaltig in ihrer Ursprünglichkeit verändert worden.
Der Oder ist dieses Schicksal in ihrem nördlichsten Bereich nahe Szczecin (Stettin) weitgehend erspart geblieben. Wie seit Urzeiten darf sie bei Hochwasser über die Ufer treten, an denen dichtes Röhricht und stellenweise Auenwald sprießt.

Nationalpark Unteres Odertal

Komplexes Fließsystem im Sommer

Im April nimmt das Flußbett das Wasser erneut aus den Auen auf und entläßt es in die nahe Ostsee. Jetzt wird wieder sichtbar, was monatelang unter dem Wasser verborgen lag: Zahllose Nebenarme des Oderhauptstroms durchziehen das Flußtal. Denn die Oder fließt hier, in ihrem Unterlauf, nur noch anderthalb Meter über dem Meeresspiegel, über flaches Land, so daß sie sich in ein weitverzweigtes Netz aus Flußarmen auffächern konnte. Auf polnischer Seite bringt es dieses natürliche Wassersystem auf einem 25 km langen Abschnitt auf eine Gesamtlänge von 200 km! Viele Flußarme sind im Laufe der Zeit aber auch vom Hauptstrom abgetrennt worden und haben sich in Altwasserarme, Seen, Tümpel, Sümpfe und Moore verwandelt. Nach dem Abfließen des Wassers aus den Auen kommen auch die ausgedehnten Feuchtwiesen erneut zum Vorschein, die sich in nur wenigen Wochen in ein sattes Grün verwandeln. Seltene Wiesenbrüter wie Wachtelkönig, Kampfläufer und Uferschnepfe beziehen ihre Reviere und beginnen mit der Balz. Mit dem Seggenrohrsänger brütet im unteren Odertal auch der am stärksten gefährdete Singvogel Europas. Adebar, der „Sumpfgänger", wie die Ostgermanen vor langer Zeit den Weißstorch tauften, ist zu dieser Zeit ebenfalls ein vielgesehener Gast der Niederungen.

An den schilf- oder auwaldbestandenen Ufern der Gewässer und Altarme stürzen immer wieder blau schimmernde Pfeile ins Wasser - Eisvögel auf Fischfang. Mancherorts kann man die Fällarbeiten eines Bibers begutachten, und auch der Fischotter findet

- vor allem auf polnischer Seite - paradiesische Lebensbedingungen.

Das untere Odertal - jüngster Nationalpark Deutschlands

Deutschlands jüngster, erst 1995 eingerichteter Nationalpark birgt eine in großen Teilen intakte Flußlandschaft entlang des Unterlaufs der Oder. Der nördlichste Abschnitt des Flusses liegt auf polnischem Gebiet und hat derzeit erst den Status eines Landschaftsschutzparkes.

Gerade 2 - 4 Kilometer breit, erstreckt sich das geschützte Flußtal über eine Länge von 60 Kilometern. Die Talränder steigen unvermittelt steil an. Auf einigen, besonders zerklüfteten Hängen haben sich bis heute Reste ursprünglicher Wälder gehalten, während besser zugängliche Bereiche nach jahrzehntelanger Beweidung als bunte Trockenrasen offen daliegen. Die Hänge führen so klingende Namen wie „Krähenberge", „Jungfernberge", „Gellmersdorfer Forst", „Gartzer Schrey" oder „Silberberge" und sind teilweise schon seit den 30er Jahren Schutzgebiete.

Auenlandschaft ist nicht gleich Auenlandschaft

Auf weiten Strecken des Flußlaufes hat sich der Mensch in die natürliche Dynamik der steigenden und fallenden Wassermassen eingemischt. So wurde in der ersten Hälfte des 20. Jahrhunderts ein Seitenarm der Oder zur Hohensaaten-Friedrichsthaler-Wasserstraße ausgebaut. Neben der Oder ist dieser Kanal der wichtigste Wasserweg zwischen dem polnischen Szczecin (Stettin) und dem Oder-Havel-Kanal und führt parallel zum Hauptstrom.

Nach holländischem Vorbild schuf man außerdem ein ausgetüfteltes Poldersystem, um die nährstoffreichen Auen für die Landwirtschaft zu erschließen. Zu diesem Zweck errichtete man Deiche mit verschließbaren Wehren, die die Hochwasser kontrollierbar machten. Im südlichsten Bereich des Nationalparks hat man die Aue sogar gänzlich von der ursprünglichen Überflutungsdynamik abgeschnitten, und die entwässerten Flächen innerhalb dieses Trockenpolders unterliegen somit ganzjährig der landwirtschaftlichen Nutzung.

Adonisröschen bei Gellmersdorf

1980 wurde das untere Odertal als Feuchtgebiet von internationaler Bedeutung unter Schutz gestellt. Für die regelmäßig überschwemmten Auengebiete ist die Wasserqualität der Oder von entscheidender Bedeutung. Schadstoffe, die der Fluß mit sich führt, gelangen mit jeder Überschwemmung auf die Feuchtwiesen und in die Gewässer. Über die Wurzeln werden die Schadstoffe von den Pflanzen aufgenommen und belasten langfristig das Öko-System.

Auf Höhe der brandenburgischen Industriestadt Schwedt liegen die Überflutungspolder der Oderaue, die im Winter und bei großen Hochwassern geflutet werden. Das verzweigte System aus Altarmen, die sich mäanderartig durch das Flußtal schlängeln, ist aus der Luft gut zu erkennen. Die Altarme führen bei hohem Pegelstand das Wasser in die Polderflächen hinein, und im Frühjahr läuft es in ihnen wieder ab.

Im späten Frühjahr fließt das Wasser aus den Überflutungspoldern ab, und das Grün der Wiesen kommt zum Vorschein. Feuchtwiesenvögel wie Seggenrohrsänger oder Wachtelkönig finden sich nun zur Balz ein, während viele Frühjahrsdurchzügler das Gebiet bereits wieder verlassen.

Der flußabwärts anschließende Bereich liegt in einem Überflutungspolder. Bei geöffneten Wehren darf sich die Oder hier immerhin von November bis April ungehindert in die Niederung ergießen. Während des restlichen Jahres wird das Wasser ausgesperrt und die üppigen, nährstoffreichen Feuchtwiesen werden als Viehweiden oder für die Mahd genutzt. Nur in sehr regenreichen Jahren erzwingen besonders starke Sommerhochwasser ausnahmsweise eine zweite Flutung der Auen. Wirklich „natürlich" geht es momentan jedoch nur auf polnischer Seite zu. Da der Oderstrom sich hier in zwei Flußarme aufteilt und die Aue nun beidseitig vom Fluß eingerahmt wird, nennt man diesen Abschnitt des Odertals „Zwischenoderland". Auch dieser nördlichste Bereich des Schutzgebietes war einst mit Deichen und Wehren versehen. Die Anlagen wurden jedoch in den letzten Tagen des Zweiten Weltkriegs zerstört und danach nie wieder instandgesetzt. Die Natur konnte die Auen schnell zurückerobern. Seit 50 Jahren hat dort niemand mehr in den natürlichen Rhythmus der Überschwemmungen eingegriffen. Sattgrüne, blumenreiche Feuchtwiesen fehlen in dieser naturnahen Landschaft, statt dessen schaukeln hier Seggenriede und Röhrichte im Wind.

Zukunftsvisionen

Das brandenburgische Nationalpark Schutzkonzept sieht vor, bis zum Jahr 2010 etwa 50 % der Überflutungspolderflächen aus jeglicher Nutzung herauszunehmen, um so auch auf deutscher Seite wieder eine naturnahe Flußauenlandschaft entstehen zu lassen. Doch viele Naturschutzprobleme machen an den Staatsgrenzen nicht halt. Umweltschädliche Industrie gibt es auf beiden Seiten des Flusses. Die Gründung eines deutsch-polnischen „Internationalparks" könnte es vielleicht leichter machen, die hohe Schadstoffbelastung der Oder zu bekämpfen. Außerdem muß dringend der Ausbau der Hohensaaten-Friedrichsthaler-Wasserstraße so beeinflußt werden, daß die Natur im unteren Odertal keinen Schaden nimmt und auch die

geplante Staustufenerweiterung am Oberlauf der Oder könnte verheerende Folgen für den Wasserhaushalt des Flusses haben.
Nach dem Fall des „Eisernen Vorhangs" ist an der Oder eine gemeinsame Aufgabe entstanden, die dazu beitragen kann, auch die Grenzen zwischen den Menschen weiter abzubauen. Ein Ziel des gemeinsamen Handelns wird es sein, zwischen Polen und Deutschland eine dauerhaft „grenzenlose Natur" zu sichern.

Bereits bevor im Frühjahr das Wasser vollständig aus den Poldern abgelaufen ist, beginnen die Sumpfdotterblumen ihre gelben Blüten aus den nassen Wiesen zu strecken. Die Feuchtwiesen der Naßpolder konnten erst durch die Eindeichung der Aue und ihre Nutzung entstehen. Um ihren Erhalt zu sichern, bedarf dieser Lebensraum einer langfristigen Pflege.

Die Singschwäne kommen aus dem nördlichen Skandinavien, um in dem etwas milderen Klima der Oderauen zu überwintern. Von den viel häufigeren Höckerschwänen kann man sie recht gut an ihrem gelben Schnabel unterscheiden. Der Schnabel des Höckerschwans ist rot gefärbt.

Obwohl das Odertal mit seinen weiten Auen und dem verzweigten System an Altarmen noch über eine relativ gute Pufferzone bei Hochwasser verfügt, ist durch eine intensive Deichführung in den letzten 100 Jahren, der Flußverlauf auch hier in seinen ursprünglichen Schwemmgebieten stark reguliert worden. Welche Gefahren damit verbunden sind, wurde deutlich, als es nach dauerhaften Niederschlägen im Sommer 1997, zu der sogenannten Jahrhundertflut kam. An vielen Stellen hielten die Deiche den ansteigenden Wassermassen nicht mehr stand, bis sie schließlich brachen. Innerhalb weniger Stunden verwandelten sich weite Landstriche in große Seelandschaften, aus denen vereinzelt nur noch Baumkronen herausragten.

Umweltschützer, die schon lange auf diese möglichen Gefahren hingewiesen hatten, möchten dem Fluß zukünftig wieder mehr Schwemmraum bieten, um ähnliche Hochwasserkatastrophen zu verhindern. Zunächst müßten jedoch zum Teil ganze Dorflandschaften umgesiedelt werden, was bei den Anwohnern auf Widerstand stoßen dürfte.

Die Robiniengehölze am Stolper Berg deuten auf eine frühere Beweidung dieser Bereiche hin.

Viele Pilzarten sind auf totes, organisches Material als Lebensgrundlage angewiesen. Dort, wo der Mensch nicht in den natürlichen Verlauf der Natur eingreift, und altes, abgestorbenes Holz liegenbleibt, können sich Pilze besonders gut entfalten.

Zur Brutzeit ab Mai sind aus den Auwaldungen und den Laubwäldern der Oderhänge hin und wieder die klangvollen, verschlungenen Flötenrufe des Pirols zu hören. Die leuchtend gelb und schwarz gefärbten Vögel sind unverwechselbar. Da sich der Pirol aber am liebsten in den Baumkronen der Wälder aufhält, wo er auch sein kunstvolles Nest in einer kräftigen Astgabel aufhängt, bekommt man den schönen Sänger nur selten zu Gesicht.

Männchen und Weibchen sind bei der Wiesenweihe ganz unterschiedlich gefärbt. Die Männchen (im Bild) sind an ihrer helleren Unterseite, die meist nur eine undeutliche, rötliche, längs verlaufende Streifenzeichnung aufweist, und den schwarzen Flügelbinden recht gut zu erkennen. Feuchtwiesengebiete, Sümpfe und Schilf sind die bevorzugten Jagdgründe, wo man sie in ihrem eigenartigen, schaukelnden Flug mit nach unten gerichteten Augen, dicht über den Flächen schwebend, beobachten kann.

Unter den rund 120 Brutvogelarten im Nationalpark befindet sich auch die Uferschnepfe. Anfang April treffen diese Schnepfenvögel in Trupps oder auch schon paarweise im Odertal ein, wo sie in den Feuchtwiesen ihre Brutreviere beziehen. Dort vollführen die männlichen Uferschnepfen ihre auffälligen Balzflüge, um die Weibchen zu beeindrucken und Konkurrenten zu verjagen.

Überall in den umliegenden Dörfern brütet der Weißstorch auf Dächern und Masten, wo eigens für ihn künstliche Nisthilfen angebracht werden. Besonders zahlreich ist der Weißstorch auf polnischer Seite vertreten. In den Feuchtwiesen der Auen findet er genügend Nahrung, um im Sommer seinen hungrigen Nachwuchs erfolgreich großzuziehen.

Der Nationalpark Unteres Odertal hat unter seinen zahlreichen, seltenen Brutvögeln eine kleine ornithologische Sensation vorzuweisen: Der weltweit vom Aussterben bedrohte Seggenrohrsänger brütet regelmäßig in den Feuchtwiesen und Röhrichten der Flußauen. Größere Bestände dieser hübschen kleinen Singvogelart finden sich sonst fast nur noch in weiter östlich gelegenen Sumpf- und Auenlandschaften Polens und Weißrußlands.

Weißstörche lassen sich im Odertal regelmäßig beobachten, wenn sie die überfluteten Wiesen aufsuchen. Entgegen einer weitverbreiteten Meinung ernährt sich der Weißstorch nicht ausschließlich von Fröschen. Die großen Vögel erbeuten oft literweise Regenwürmer. Daneben stehen auch Mäuse und Insekten auf ihrem Speisezettel.

Viele Seitenarme der Oder wurden irgendwann vom Hauptstrom abgeschnitten und werden nur noch bei Hochwassern mit Oderwasser versorgt. An solchen stehenden Altwasserarmen gedeihen neben den Weidenauwäldern seltener auch Erlenbruchwälder.

Schon 1931 wurde ein Teil des Ostufers der Müritz wegen seines Reichtums an seltenen Pflanzen und Tieren unter Schutz gestellt. Heute gehört ein großer Abschnitt des Ostufers zur Kernzone des Nationalparks, wo der Ablauf natürlicher Prozesse absoluten Vorrang genießt.

Nationalpark Müritz

Vielmehr als nur einfach Wasser

Manchmal scheint die Müritz ihren Atem anzuhalten. Glatt und ruhig liegt sie da, und der Horizont ist nur als Strich zwischen Wasser und Himmel erkennbar. Im Spiegel des Sees ist mit einem Mal alles mit dem Wasser verbunden - die Bäume, das Schilf, ein vorbeiziehender Vogel, ein Blatt im Wind.

Obwohl der Nationalpark nach dem zweitgrößten See Deutschlands, der Müritz, benannt wurde, gehört doch nur ein 500 Meter breiter und 12 Kilometer langer Streifen des Sees zu dessen Gebiet. Auf seiner Gesamtfläche beherbergt das Schutzgebiet über 100 Seen, die zusammen größer als 1 Hektar sind.

Während der Zugzeit im Spätsommer versammeln sich Kraniche zur Nahrungssuche auf Wiesen oder auf abgeernteten Kartoffel-, Mais- und Zuckerrübenfeldern. Abends suchen sie gerne die flachen Seen im Nationalpark auf, wo sie im knietiefen Wasser stehend die Nacht verbringen.

Nationalpark Müritz

Wie eine „nationalparkreife" Landschaft entstand

Wer heute durch das Mosaik verwobener Seen und Wälder im Herzen Mecklenburgs streift, vermag sich wohl kaum vorzustellen, daß vor gerade einmal 16.000 Jahren alles unter einer ungeheuren Decke aus Eis begraben lag und die uns so zeitlos erscheinende Landschaft noch gar nicht existierte. Die gewaltigen Gletschermassen waren es, die das heutige Nebeneinander unterschiedlicher Lebensräume modellierten.

Wo das Eis damals das darunterliegende Gestein vor sich herschob und in immer größeren Mengen zu Endmöranen anhäufte, bildeten sich die geschwungenen Hügellandschaften mit ihren tief eingesenkten Niederungen. Riesige Findlinge erinnern noch heute an die dahingeschmolzene Macht des Eises. Das zum Ende der Eiszeit abtauende Schmelzwasser führte große Mengen von Sand mit sich und lagerte ihn zu Füßen der Endmoränen ab. Reste liegengebliebener Toteisbrocken, die von den Sandmassen vorübergehend verschüttet wurden, führten schließlich nach ihrem Abtauen zum Absinken des darüberliegenden Erdreiches. In den entstandenen Bodensenken und Kesseln konnten sich nun eine Vielzahl von Seen bilden.

Kaum ein Gewässer gleicht heute in Form und Größe dem nächsten. Flache und steile Uferzonen wechseln einander ab, schmale Wasserläufe verbinden viele Gewässer, und unzählige Sümpfe und Moore durchziehen die einsamen Waldgebiete.

Naturschutz zu DDR-Zeiten

Im Jahr 1990 wurde diese außergewöhnliche Landschaft - insgesamt mehr als 32.000 Hektar groß und inmitten der Mecklenburgischen Seenplatte gelegen - zum Müritz-Nationalpark erklärt. Eine bewundernswerte

Leistung engagierter Naturschützer im Chaos der untergehenden DDR.

Das Wort „Nationalpark“ war im SED-Staat unerwünscht gewesen. Statt dessen hatte man einen „produktionsintegrierenden Naturschutz“ propagiert und damit militärische Übungen, Karpfenzuchten in den Seen, Staatsjagd, hohe Wilddichten und intensivste Forst- und Landwirtschaft gerechtfertigt - mit allen negativen Folgen für die Natur.

Die Bevölkerung des extrem dünn besiedelten Landes wurde aus diesen Alibi-Naturschutzgebieten herausgehalten. Naturzerstörung wurde als Staatsgeheimnis behandelt und der Öffentlichkeit verschwiegen. Und doch konnte sich trotz der staatlichen Abriegelung weiter Gebiete - vielleicht aber auch gerade deshalb - völlig unbeabsichtigt ein großes Naturerbe an der Müritz erhalten.

Ein von Wasser geprägtes Land

Mehr als 100 Seen gibt es im Nationalpark neben unzähligen kleineren Tümpeln, die verstreut in den Wäldern liegen. Die Müritz ist mit einer Fläche von 117 qkm das größte Gewässer. Ihre 12 Kilometer lange, naturnahe östliche Uferzone wurde schon zu DDR-Zeiten unter Schutz gestellt. Krick- und Knäckenten brüten in der dichten Ufervegetation des Sees und zur Zugzeit rasten an der Müritz viele Watvögel wie Zwergstrandläufer, Rot- oder Grünschenkel, um im flachen Wasser den Grund nach verborgenen Kleintieren abzusuchen. Dichte Bestände des Schneidrieds, eines seltenen Sauergrases, bedecken einige an die Müritz angrenzende Flächen, die in ihren Ausmaßen für Europa einzigartig sind. Neben dem Teichrohrsänger oder dem Graureiher findet hier auch die scheue Rohrdommel einen passenden Lebensraum.

Kiefern und stattliche Wacholderbüsche charakterisieren die Landschaft an der „Spuklochkoppel“ bei Müritzhof. Es sind die Reste einer alten Hutungslandschaft, die vielen Zugvögeln als Rastplatz dient. Zu Beginn des 19. Jahrhunderts fielen diese Gebiete mit der künstlichen Absenkung des Müritz-Wasserspiegels trocken und wurden als Viehweiden genutzt. Der Wacholder wird wegen seiner spitzen Nadeln von Rindern und Schafen verschmäht und konnte so zu stattlichen Bäumen heranwachsen.

Die Rohrdommel ist mit ihrem schlanken, schilffarbenen Körper und dem langen, dünnen Schnabel perfekt getarnt. Die meiste Zeit lebt sie versteckt in den Schilfgürteln der Seen. Wegen ihres dumpfen Rufes, der kilometerweit die Stille der Seen durchdringt, heißt sie im Volksmund auch „Moorochse".

Erst aus der Luft ist das Ausmaß der dichten Schilfgürtel deutlich, die viele der Gewässer im Müritz-Nationalpark säumen. Ein idealer Lebensraum für schilfbewohnende Arten wie die scheue Rohrdommel (voriges Bild) oder den Graureiher. Auch Höckerschwäne (Bild) suchen bei Gefahr gerne den Schutz des Schilfdickichts auf. Viele der Seen werden zudem von ausgedehnten Wäldern umgeben, die je nach Feuchtigkeit und Beschaffenheit des Bodens mehr oder weniger dicht an die Ufer der Seen heranreichen können.

Die Buchenwälder von Serrahn sind seit langem frei von jeglicher Waldnutzung. Alte umgestürzte Bäume bleiben hier liegen und bilden so eine Grundlage für neues Leben. Bald siedeln sich Moose auf den morschen Stämmen an, und durch das einfallende Licht können junge Bäume ungehindert nachwachsen.

Viele Bewohner der Seen brauchen zum Leben, aber auch den Wald. Penibel hat dieser alle Freiräume zwischen den Gewässern und Mooren ausgefüllt. Ohne ihn würde an der Müritz kein Seeadler und kein Schwarzstorch kreisen können. Und wo würden Fischotter und Fledermaus, nächtliche Gäste der Seen und Bäche, ungestört den Tag verbringen? In einem besonders unzugänglichen Gebiet hat ein Fischadler eine alte Kiefer ausgesucht und hoch oben seinen Horst errichtet. Die unwegsamen Bruchwälder mit ihren zahllosen kleinen und großen Sümpfen sind dem Kranich ein sicherer Ort für seine Brut.

Der Wald - Wunsch und Wirklichkeit

Einst war die ursprüngliche Landschaft um die Müritz herum wie in ganz Mitteleuropa durch ausgedehnte Buchenwälder geprägt. Nur die feuchteren Täler und die Uferregionen der Seen überließ die Buche dem Erlenwald. Heute allerdings wandert der Nationalparkbesucher vorwiegend durch monotone Kiefernforste. Einsame Wildnis und die einem Urwald eigene Artenvielfalt sucht der Wanderer meist noch vergeblich, denn die von der Nationalparkverwaltung eingeleitete Rückentwicklung der Forste zu naturnahem Laubwald wird jahrzehntelang dauern.

Nur auf den Hügeln Serrahns, der östlichen Region des Nationalparks, steht noch heute ein etwas größerer, natürlich gewachsener Bestand uralter Buchen. Einst als feudales Jagdgebiet der Strelitzer Herzöge geschont, wurden diese Buchenwälder 1952 unter Schutz gestellt. Heute sind mehr als 1.000 ha davon als Totalreservat frei von jeglicher Bewirtschaftung. Hier kann sich der Wald nach seinen eigenen Gesetzen entfalten und dem Besucher einen Hauch von Urwaldgefühl vermitteln. In den vom Menschen angelegten Kiefernforsten werden wir darauf noch einige Zeit warten müssen.

Rückständigkeit als Chance begreifen

„Wenn die Welt untergeht, ziehe ich nach Mecklenburg, denn dort geschieht alles 50 Jahre später." So kommentierte Bismarck vor mehr als 100 Jahren die politische und gesellschaftliche Rückständigkeit eines Landes, in dem Mitte des 19. Jahrhunderts Bauern noch wie Leibeigene behandelt wurden. Daß „Zurückgebliebenheit“ aber auch eine positive Seite haben kann, beweist jetzt der Müritz-Nationalpark: Bis heute haben sich hier Schätze der Natur erhalten, die anderswo in Deutschland längst dem menschlichen Fortschritt weichen mußten.

Ein künstlicher Ablauf zur Wasserversorgung einer Mühle (die heute nicht mehr existiert) senkte den Wasserspiegel des Mühlensees erheblich. 1993 wurde die Renaturierung des Gewässers eingeleitet, indem man den früheren Abfluß abriegelte. Der Wasserspiegel stieg wieder an und überflutete die bewaldeten Uferbereiche. Mit der Zeit werden die Bäume absterben und Platz für die ursprünglichen, standorttypischen Bruchwälder schaffen.

Beim Örtchen Federow brüten einige Fischadler-Paare auf Hochspannungsmasten. Von eigens für die Nationalparkbesucher errichteten Aussichtskanzeln können die Adler mit Ferngläsern gut beobachtet werden.

Im Gegensatz zu seinem weißgefiederten Verwandten, dem Weißstorch, ist der Schwarzstorch ein scheuer und sehr seltener Vogel, den man nur mit viel Glück zu Gesicht bekommt. In den letzten Jahren nistete nur ein Storchenpaar in den abgelegenen Wäldern des Nationalparks. Im Herbst verlassen die Schwarzstörche ihr Brutgebiet, um die kalte Jahreszeit in Ostafrika zu überdauern.

Bis heute ist die von Wasser und Wald geprägte Landschaft Mecklenburg-Vorpommerns das am dünnsten besiedeltste Gebiet Deutschlands. Unzählige große und kleinen Seen mit ihren Schilf- und Waldgürteln verleihen ihr bis heute ihren poetischen Reiz.

Dutzende von Spinnen bevölkern die Büsche und Hecken. An einem kalten Herbstmorgen werden die filigranen Fäden, aus denen die achtbeinigen Jäger ihre Netze gewebt haben, durch den weißschimmernden Morgentau für ein paar Stunden unübersehbar.

Nebeltropfen sind zu klein, um das Sonnenlicht in seine Spektralfarben aufzuspalten. Es entsteht ein einfarbiger, weißer Nebelbogen, der hier über den weiten Wiesen bei Speck liegt.

Typisch für die ehemaligen Weidelandschaften im Müritz-Nationalpark sind die alten, knorrigen Kiefern wie diese in der Nähe des Ortes Speck. Es sind lichtliebende Bäume, die durch die frühere Nutzung besonders gefördert wurden. Durch den Einfluß von Stürmen und Schnee brechen immer wieder große Zweige oder ganze Baumteile von den Kiefern.

Östlich von Neustrelitz beim Ort Carpin ist der Serrahner Wald durch morastige Sumpfwaldlandschaften geprägt. In den Niederungen und Senken reicht der Grundwasserspiegel bis dicht unter die Bodenoberfläche - Schwarzerlen und Moorbirken finden hier geeignete Lebensbedingungen. Andere Bäume würden an so feuchten Standorten an Wurzelfäule und Sauerstoffmangel sterben.

In der Natur wird das Holz abgestorbener Bäume und Stubben vorwiegend durch Pilze abgebaut. Der Buchen-Schleimrübling hat sich auf das Totholz von Buchen spezialisiert.

Neben den durchziehenden Kranichen brüten innerhalb des Nationalparks etwa 20 Paare dieser großen Vögel. Die Bindung zwischen den beiden Elterntieren hält oft ein ganzes Leben lang. Kraniche sind vor allem während der Brutzeit zu beobachten. Ein Elternteil bleibt ständig beim Nest, während der Partner auf Nahrungssuche unterwegs ist. Die Nester werden meist im seichten Wasser von Erlenbrüchen oder Sümpfen angelegt. So schützen die Kraniche sich und ihren Nachwuchs gegen ihre nächtlichen Feinde wie Füchse oder auch Wildschweine.

Diese etwa 350 Jahre alte Traubeneiche im Serrahner Teil des Nationalparks fand schon vor Jahren während eines Sturmes ihr Ende. Würde nicht immer wieder durch natürliche Schäden ihre Lebensspanne verkürzt, könnten diese Bäume ein noch viel höheres Alter erreichen. Im Müritz-Nationalpark finden sich bis zu 800 Jahre alte Eichen.

In den mit Kiefern bewaldeten Heiden des Nationalparks ist in Frühjahrs- und Sommernächten der schnurrende Gesang des Ziegenmelkers, eines nachtaktiven Vogels, zu hören. Wenn die Sonne frühmorgens hinter den Kiefern erscheint, ist der „nächtliche" Tag des Ziegenmelkers schon lange vorbei.

Pilze, Flechten und Moose bilden ein farbiges Mosaik auf dem feuchten, modrigen Stamm einer abgestorbenen Buche: Ein typisches Bild der naturnahen Mischwälder im Nationalpark Harz.

Nationalpark Harz/Hochharz

Vielfältige Gesichter einer Landschaft

Die Fichten in den Hochlagen des Harzgebirges sehen recht merkwürdig aus: Es sind knorrige, minderwüchsige Kreaturen, die ein einsames Bergfichtenleben führen. Sie strecken ihre Äste wie dünne, knochige Arme allesamt in dieselbe Richtung, als wollten sie in einer weglosen Gegend vor etwas fortlaufen. Heftige Winde und eisige Schneestürme haben den Bäumen ihre seltsame Gestalt aufgezwungen.

Im Licht der aufgehenden Sonne eines kalten Januarmorgens erscheint der schneebedeckte Brockenwald

Der Wind ist es, der hoch oben auf der Brockenkuppe kein Baumwachstum mehr zuläßt. Berühmt ist der höchste Berg des Harzes auch wegen seiner ausgedehnten Blockmeere aus Granitblöcken, die ihm den Namen „Blocksberg" eintrugen.
Einer Sage nach treffen sich in der Nacht zum 1. Mai jeden Jahres, in der Walpurgisnacht, die Hexen auf seinem Gipfel, um den letzten Schnee vom Brocken zu fegen.
Hier ein Bild der Teufelskanzel.

Der Gebirgsbach Ilse entspringt in den Hochlagen des Brockens aus mehreren kleinen Quellbächlein. Über weite Strecken verschwindet er immer wieder, den Blicken des Wanderers entzogen, zwischen großen Granitblöcken und heißt in diesem Bereich dann auch passend „verdeckte Ilse". In den anschließenden, steileren Abschnitten zeigt der Bergbach zahlreiche kleine Wasserfälle. Das klare Wasser der Ilse bietet selbst der in Deutschland selten gewordenen Bachforelle günstige Lebensbedingungen.

NATIONALPARK HARZ/HOCHHARZ

Das wirkliche Antlitz des Harzes

Vor fast 2.000 Jahren beschrieb Tacitus in seiner „Germania" das wahre, ursprüngliche Gesicht des Harzes: „Ein Land schrecklich wegen seiner dunklen, undurchdringlichen Wälder und scheußlich wegen seiner vielen Sümpfe".

In den Gipfellagen um den Brocken herum lassen sich die Worte von Tacitus noch in der Natur nachfühlen. Bis heute haben sich dort die natürlichen Harzwälder - so weit oben ausschließlich Fichtenwälder - weitgehend erhalten. Außer diesen genügsamen Nadelbäumen und der Eberesche verirrt sich keine andere Baumart in das rauhe Klima in ca. 1.000 Meter Höhe. Zwei- oder dreihundert Meter tiefer erstrecken sich moorartige Flächen zwischen den dürren Bäumen. Moorwasser sammelt sich in schwarzen Tümpeln. Weiter unten kommt zwischen Steinbrocken ein dünner Wasserfaden zum Vorschein. Noch verliert er sich immer wieder im Untergrund des feuchten Waldbodens zwischen Wollgräsern, moosüberzogenem Gestein und schwammigen Baumleichen.

Bald aber wandelt sich das eben noch unscheinbare, nur durch das Moor gespeiste Rinnsal zu einem Bergbach. Klares Wasser rauscht steil den Hang hinab, direkt am Ufer begleiten Schwarzerlen seinen Lauf. Unbemerkt haben sich bereits in den oberen Hanglagen einige Buchen zu den Fichten gesellt, und je tiefer das Wasser zum Tal hinab stürzt, desto mehr Laubbäume werden es. Bei ungefähr 700 Metern über dem Meeresspiegel endet im Harz die Dominanz der Fichte und der Bach fließt ruhig durch schattige Buchenwälder.

Brockentourismus heute

Sonntag mittag im Harz, Hochsaison. Die Sonne hat den Frühnebel vollständig aufgelöst, es ist ein schwülwarmer Tag geworden. Seit einigen Stunden wälzt sich ein endlos bunter Wurm wackerer Wandersleute dem Gipfel des Brocken entgegen. Eben schiebt sich auch die Brockenbahn an den Wanderern vorbei nach oben, ihre Waggons schwer beladen mit weiteren Besuchern. Alle wollen wenigstens einmal im Leben „oben" gewesen sein. Endlich bahnt sich dann der Blick seinen Weg auf die umgebende Berglandschaft.

Auf der Brockenkuppe selbst sind die berühmten Blockhalden des Harzes - zahlreiche große, flechtenüberzogene Gesteinsbrokken - zu bewundern. Die natürliche Baumgrenze liegt im Harz bei 1.100 Meter über NN, und der Brocken ist noch 42 Meter höher: Auf der Hochfläche des Berges gleichen die klimatischen Verhältnisse denen Islands. Fast immerwährender Nebel, niedrige Temperaturen und 300 Regen- bzw. Schneetage im Jahr fördern eine tundrenartige Heidevegetation zwischen den groben Steinen - heute sind davon allerdings nur noch Reste zu erkennen. Seit die Grenze verschwunden ist, erklimmen in Spitzenzeiten mehr als 20.000 Menschen täglich den höchsten Berg des Harzgebirges und mit mehreren Millionen Touristen im Jahr gehören die Nationalparks Harz/Hochharz in Sachen Besucherfrequenz zur Weltspitze.

Die Kaskaden des Radau-Wasserfalls in ihrer jetzigen Form entstanden in der Mitte des letzten Jahrhunderts. Um den Wasserfall als Touristenattraktion noch beeindruckender zu machen, wurde der Lauf des Flusses künstlich umgeleitet. Im Winter erstarren die Kaskaden zu bizarren Formationen aus Eis.

An der Baumgrenze des Mittelgebirges auf 1.100 Meter über NN spielt sich der harte Überlebenskampf der Bergfichten ab. Das rauhe Klima läßt großwüchsige Bäume dort nicht mehr zu. Den krüppeligen, teilweise schon abgestorbenen, Baumgestalten sieht man ihr hohes Alter meist nicht an.

Große zusammenhängende Waldflächen, wie man sie vom Brocken aus bewundern kann, sind in Deutschland selten geworden.

Die Winter im Nationalpark sind kalt und Schneereich. Durch den oftmals starken Wind auf dem Brocken bilden sich immer wieder bizarre Schneeverwehungen zwischen den Bergfichten.

Stinkender Storchenschnabel ist eine weit verbreitete Pflanze der Laub- und Nadelwälder, die auf allen Bodenarten zu finden ist. Wegen ihres unangenehmen Geruches heißt sie auch „Stinkender Storchenschnabel", im Böhmerwald wird sie im Volksmund auch „Wanzenkraut" genannt.

Brockentourismus damals

Dabei ist der Brockentourismus nichts Neues. Bereits 1669, mit dem Erscheinen von Magister Praetorius' Werk über die „Blockes-Berges-Verrichtung", erhielt der Berg seinen Ruf als überregionaler Hexentreffpunkt. 1777 machte sich Goethe - mitnichten als Erster - auf den damals recht beschwerlichen Weg zum Gipfel. Im Jahr 1800 wurde das erste Gasthaus auf dem Brocken errichtet. Und folgendes Zitat beschreibt die Zustände von 1903 auf dem höchsten Berg des Harzes: „Brockenfahrer kommen in hellen Haufen und von allen Sorten, in Rindsleder und Chevreaux, in Loden und Tennisflanell, ganze Bündel Brockenblumen in den Händen..." Damals war die in Deutschland ausschließlich auf dem Brocken wachsende Anemone fast ausgerottet.

Die Harzwälder heute - Fichten, Fichten, Fichten

Mehr als 1.000 Jahre Erzbergbau im Harzgebirge haben den einstigen Wald vielerorts in regelrechte „Holzfabriken" verwandelt - auch im heutigen Nationalparkgebiet. Lange Zeit bediente man sich bedenkenlos der riesigen Urwälder, um Grubenholz zu beschaffen. Zusätzlich verschwanden abertausende von Bäumen - vorzugsweise Laubbäume - in rauchenden Kohlemeilern, um Holzkohle für die Verhüttung des Erzes zu produzieren. Im 17. Jahrhundert wurde das Holz dann knapp, und um 1713 wurde notgedrungen Torf in den Mooren gestochen, um mühsam Torfkohle zu gewinnen. Schließlich begann man mit schnellwüchsigen Fichtenrassen aus dem Flachland, die entwaldeten Bergrücken wieder aufzuforsten. Erst im Laufe der Jahrzehnte zeigte sich jedoch, daß diese Bäume weitaus anfälliger gegenüber Schnee- und Eisbelastung, zunehmender Luftverschmutzung und natürlicher Feinde wie dem Borkenkäfer waren.

Ein vollwertiger Ersatz für die widerstandsfähige und inzwischen seltene Harzfichte sind diese neueren Bestände jedoch nicht.

Nationalparkgründung

Im Harzgebirge waren die „Ostdeutschen" in Sachen Naturschutz schneller als die „Westdeutschen". Schon zwei Tage vor der Vereinigung gründete man 1990 in Sachsen-Anhalt den „Nationalpark Hochharz". Erst 1994 kamen die ca. 16.000 Hektar des niedersächsischen „Nationalpark Harz" dazu. Einmütig weisen die aufgestellten Informationstafeln die beiden Schutzgebiete Hochharz und Harz als einen einzigen Nationalpark „Harz" aus. Man arbeitet länderübergreifend und freut sich gemeinsam darüber, daß das Auerhuhn im Harz wieder Fuß faßt. Gemeinsam werden auch die Möglichkeiten zur Wiedereinbürgerung des ehemals heimischen Luchses geprüft. Die drei Kilometer lange Mauer, die den Brocken jahrzehntelang häßlich umsäumte, ist längst fortgeschafft. Anstelle des trennenden Bauwerks findet man heute einen allgemein zugänglichen Wanderweg durch eine „grenzenlose" Harzlandschaft.

Über den dichten Moosteppich erheben sich auf langen Stielen die Fruchtstände der Pflänzchen, die im feuchten, schattigen Dunkel des Bergfichtenwaldes einen liegenden Stamm besiedelt haben. Die kleine Kapsel, die den Stielen aufsitzt, wird von einer feinen Haube bedeckt, die in der Sonne goldgelb leuchtet und diesem Moos seinen Namen „Goldenes Frauenhaar" eintrug.

Seit Hunderten von Jahren hat niemand in die natürliche Dynamik der Bergfichtenwälder um den Brocken eingegriffen. Auf etwa 1.000 Hektar Fläche wächst unberührter Urwald in einem rauhen und abweisenden Klima, das nur den einheimischen Harzfichten und seltener auch anspruchslosen Eiben eine Lebensgrundlage bietet.

Die ausgedehnten Wälder mit ihren alten Baumbeständen bieten einer Vielzahl von Waldbewohnern reichhaltige Lebensgrundlage, wie dem Buntspecht.

In den unzugänglichen Urwaldregionen um den Brocken trifft man gelegentlich auf einen scheuen Waldbewohner: die Wildkatze. In den modernden Baumstümpfen und unter umgestürzten Stämmen des Urwaldes findet sie schützenden Unterschlupf für die Aufzucht ihrer Jungen.

Hochmoore beziehen ihr Wasser ausschließlich aus Niederschlägen. Daher liegen die meisten großflächigen Hochmoore im Harz vor allem an seiner regenreichen Westflanke. Das Gebiet um den Brocken herum ist allerdings von über 30 kleineren Waldmooren, meist in Hanglagen, gekennzeichnet. In vielen dieser kleinen Moore nehmen die zahlreichen Flüßchen des Harzes ihren Anfang.

Mit der starken Strömung des Wassers in den Bergbächen - bedingt durch das Landschaftsgefälle des Harzes - kommen nur wenige Pflanzen, vor allem Wassermoose und Algen, zurecht.

Aufgrund der vielen Niederschläge in den Berglagen zählt der Harz zu den wasserreichsten Regionen Deutschlands. Viele bedeutende Flüsse des Harzes entspringen in den Moorgebieten des Hochharzes als kleine Quellbäche, die sich zu reißenden Gebirgsbächen vereinen. Dazu gehören die Kalte Bode, das Schluftwasser, die Ilse, die Wormke, die Holtemme, die Ecker, der Königsbach und andere. Den in Hochmooren entspringenden Bächen sieht man ihre Herkunft oft an der Farbe des Wassers an: Gelöste Huminsäuren färben es bräunlich, ohne es jedoch zu trüben.

Diese alten, knorrigen Bergfichten wachsen rund um den Brockengipfel in einem Gebiet, das mehr als 40 Jahre lang nicht betreten wurde. Dicht an der ehemaligen deutsch-deutschen Grenze, war dieses bis 1989 strengstens verboten. Die hohe Luftfeuchtigkeit begünstigt das Wachstum von Flechten: Über und über sind die alten Stämme von ihnen bewachsen.

Eine ausgesprochene Rarität ist die Brocken-Anemone, die in ganz Deutschland einzig und allein auf der Hochfläche des Brocken zu Hause ist. Ausgerechnet das unwirtliche Klima bietet dieser Überlebenden aus der letzten Nach-Eiszeit die richtigen Lebensbedingungen. Aber auch dort ist sie inzwischen selten geworden und durch den Tourismus auf dem Brocken gefährdet.

Knapp unterhalb des Brockengipfels herrscht ein subarktisches Klima. Nur in den Sommermonaten kommt für kurze Zeit das Grün einiger weniger, kälteresistenter Pflanzen zwischen den Felsbrocken zum Vorschein.

Zur Blütezeit im Frühjahr sind die moorbewohnenden Wollgräser eher unscheinbar und leicht zu übersehen. Wenn sie mit der Samenreife im Juni aber ihre strahlendweißen, buschigen Fruchtstände (daher der Name) ausgebildet haben, leuchten die Gräser schon von weitem durch den Wald, den moorigen Standort sicher anzeigend.

Neben Torfmoosen und Wollgräsern können nur wenige andere Pflanzen die sauren, nährstoff-armen Hochmoore dauerhaft besiedeln. In der Moorfläche aufkommende Fichten beispielsweise vermindern in ihrer nächsten Umgebung das Wachstum der lichtbedürftigen Torfmoose; rundherum geht das Wachstum der Moose dagegen normal weiter. Mit der Zeit entsteht eine Kuhle, die sich mit Regenwasser füllt und die heranwachsende Fichte langsam ertränkt.

Mehr als 300 Jahre kann eine Harzfichte alt werden, bevor sie endgültig den Platz für jüngere Bäume freigibt. Der natürliche Tod eines Baumes vollzieht sich oft über Jahre oder sogar Jahrzehnte hinweg. Pilze und Insekten besiedeln die noch lebenden Stämme und kündigen den Prozeß des Absterbens frühzeitig an. Sturm oder Schnee lassen die ersten Äste herabbrechen, bis ein Unwetter den geschwächten Baum umstürzen läßt.

Große Teile des Brockengipfels sindübersäht mit Blockfelsen.

Bei entsprechenden Wetterlagen kann es vorkommen, daß im Tal dichter Nebel herrscht, während die Brockenkuppe im schönsten Sonnenlicht liegt. Steht ein Wanderer an der Grenze zwischen Nebel- und Sonnenzone, wird sein Schatten bei einem entsprechenden Sonnenstand überdimensional auf den Nebel projiziert – das Phänomen „Brockengespenst“.

Wechsel zwischen Tag und Nacht – immer wieder bezaubert das wechselnde Spiel der Farben die winterliche Landschaft des Brockenwaldes.

Trotz der geringen Höhe des Elbsandsteingebirges - die höchste Erhebung im Nationalpark beträgt gerade 556 Meter - fühlt man sich angesichts der enormen Steilheit seiner Felsen in eine wilde Gebirgslandschaft versetzt.

Nationalpark Sächsische Schweiz

Hohe Felsen, tiefe Schluchten

„Felsen, die wie ein bewegtes Meer von Erde aussehen und in den schönsten Linien geformt sind, als hätten da die Engel im Sand gespielt." So beschrieb einst Heinrich von Kleist die wildromantische Landschaft des Elbsandsteingebirges. Im frühen Morgendunst, hoch oben auf den Gipfeln, erinnert des Dichters „Meer aus Felsen" allerdings eher an eine nebelverhangene Geisterlandschaft, aus der die schroffen, verwitterten Felsnadeln düster und einsam in den grauen Himmel ragen.

Durch das Schrammtor tritt der Besucher ein in die Felsenwelt der Schrammsteine. Zwischen den Felstürmen und Schluchten hindurch gibt es so viele Wanderwege, daß man sich leicht eine Woche oder länger dort aufhalten könnte.

Nationalpark Sächsische Schweiz

Sandstein, Granit und Basalt

Die Entstehung des Elbsandsteingebirges reicht weit zurück bis in die Kreidezeit. Damals war das Gebiet von einem riesigen Meer bedeckt, in dem sich nach und nach große Mengen von Sand und Ton ablagerten. Diese schichteten sich aufeinander und verwandelten sich in Gestein. Als sich Millionen Jahre später das Gebiet anhob, floß das Meerwasser ab und gab eine 600 Meter dicke Sandsteinplatte der gestaltenden Kraft der Elemente preis. Die Elbe begann, tiefe Rinnen in die Platte zu nagen. Mit ihrem wieder und wieder wechselnden Lauf trug sie aber auch großflächig Schicht um Schicht von ihr ab. Geologische Einflüsse der benachbarten Gebirge ließen zusätzlich Spalten und Risse an dem Sandstein entstehen. Regen und Wind waren - und sind - überdies ständig dabei, die einst ebene Oberfläche des Gesteinspaketes zu verändern.
Unmerklich wandelte sich die ehemals kompakte Sandsteinplatte bis heute in eine pittoreske Felsenlandschaft.

Größte Vielfalt auf kleinstem Raum

Die höchste Erhebung im Nationalpark beträgt gerade 556 Meter, eine recht bescheidene Höhe für ein Mittelgebirge. Doch die außergewöhnliche Steilheit der Felsen und die sich daraus ergebenden, kleinräumigen Klimaunterschiede machen einen Abstieg von den Gipfeln hinunter in die Schluchten zu einer höchst abwechslungsreichen Reise durch drei jäh aufeinanderfolgende Vegetationszonen.
Die nackten Felskuppen und Steilwände sind mit unscheinbaren, gelbgrünbraunen Flechten überzogen, vereinzelt klammert sich eine Birke an einen Felsgrat, und ab und zu steht

auf einer Kuppe eine Kiefer von krüppeligem Wuchs, der man das von Sonne, Trockenheit und Sturm geprägte Leben ansieht. Nur an einigen windgeschützten Stellen der Hochplateaus finden sich die Kiefern zu kleinen Wäldern zusammen; viel seltener haben sich Laubbäume wie die Rotbuche auf die Felsen verirrt. Aber nur wenige Dutzend Meter tiefer umgeben grüne Laubwaldlandschaften die kargen Felsgipfel. Diese weiten, bewaldeten „Ebenheiten" - so nennt man die großflächigen Reste der ehemaligen Sandsteinplatte - gehen völlig unvermittelt in die Enge tief eingeschnittener Schluchten über. Schon der Blick in die Tiefe macht schwindelig, weit unten ist vielleicht das Rauschen eines Baches zu hören. Während des steilen Abstiegs wird es spürbar kühler. Sonne dringt kaum noch in die schmalen und feuchten Klüfte zwischen den Felsen. Am Grund der Schluchten ist alles von saftigen Teppichen aus Moos überzogen, und im Schatten der Felsüberhänge wuchern kraftvoll langwedelige Farne. In manchen der Klüfte ist es das ganze Jahr über kühl. Selbst Fichten, Bäume, die man natürlicherweise in höheren Lagen von Gebirgen vermuten würde, gedeihen hier unten. Auch einige andere Gebirgspflanzen wie das Zweiblütige Veilchen oder solche mit eher nördlicher Verbreitung, etwa die Bärentraube und der Sumpf-Porst, finden in dem kühlen Klima der Schluchten passende Lebensbedingungen.

Blick von der Neurather Felsenburg auf die Felsentürme der kleinen Gans. In den andauernden Erosionsprozessen wurde und wird das weichere Gesteinsmaterial abgetragen oder aufgelöst und mit dem Wasser wegtransportiert. Nur das härtere Gestein blieb zurück - als eine Ansammlung von bizarren Felsformationen, die wir heute in der Sächsischen Schweiz bewundern.

In den dunklen Gründen des Kirnitzschtals gedeihen die feuchtigkeitsliebenden Farne. Selbst wenn oben größte Hitze herrscht, tief unten im Tal entlang des Bachlaufes weht immer eine kühle Brise; die Luft im Kirnitzschtal (wie auch in den vielen anderen Schluchten in der Sächsischen Schweiz) ist nie trocken, sondern durch eine stets hohe Feuchtigkeit geprägt.

Wegen der wilden Ursprünglichkeit seiner Wälder wurde das von riesigen Felsbrocken übersäte Polenztal bereits 1940 unter Schutz gestellt. Im klaren Wasser der Polenz findet heute noch die Wasseramsel hervorragende Nahrungsgründe. Auch geologisch hat das Tal etwas Besonderes zu bieten, was sich an seiner Formung erkennen läßt. Im Grenzgebiet zum Lausitzer Bergland gelegen, verläuft eine Gesteinsgrenze zwischen Sandstein und Granit: An der Steilheit der engen, hoch aufragenden Schluchtwände verrät sich der Sandstein, während der Granit durch weichere, mehr V-förmig eingeschnittene Talbereiche gekennzeichnet ist.

Die Plateau- und Felslandschaft der Bastei war 1938 der erste Bereich im Elbsandsteingebirge, der offiziell unter Naturschutz gestellt wurde. Heute ist die Bastei das meist besuchte Ausflugsziel des Nationalparks - vor allem wegen der eindrucksvollen Aussicht auf das Elbtal und auf weite Teile des Elbsandsteingebietes.

Menschliches Erholungsbedürfnis - Gefahr für die Natur

Was vor 200 Jahren mit wenigen Wanderwegen ganz harmlos begann, hat sich heute durch den Tourismus zu 1.200 km Wanderwegen ausgeweitet. Rund 16.000 Kletterrouten locken heute jährlich bis zu 10.000 Bergsportler in die Nationalparkregion.

Besonders romantisch geht es in der Hochsaison dann nicht mehr zu, auch wenn die sächsischen Kletterregeln - künstliche Hilfsmittel wie Steigeisen etc. sind nicht erlaubt - als besonders naturschonend gelten.

Felsenbrütenden Vögeln ist mit solchen Regeln wenig geholfen, denn mit jedem Kletterfelsen geht ein Stück Lebensraum verloren. Der Name der „Affensteine“ erinnert noch daran, daß diese Felsen einst Wohnort des Uhus waren - „Auff“ ist eine alte Waidmannsbezeichnung für die Großeule. Der Uhu brütet hier jedoch schon lange nicht mehr, die Störungen durch Wanderer und Kletterer sind einfach zu groß geworden. Still und ohne Aufsehen hat sich der Uhu in abgelegene Bereiche des Elbsandsteingebirges zurückgezogen - und mit ihm viele andere Arten, wie Waldohreule, Sperlingskauz oder Wanderfalke.

Deutscher Nationalpark - grenzüberschreitender Naturraum

Erst seit dem Herbst 1990 bilden zwei typische Ausschnitte des Elbsandsteingebirges auf einer leider recht kleinen Fläche von 93 qkm den Nationalpark Sächsische Schweiz. Umgeben wird dieses Gebiet von weiteren 275 qkm Landschaftsschutzgebiet - als geschützte Kulturlandschaft und Pufferzone gegen allzu schädliche Einflüsse von außen. Das Nationalparkgebiet reicht bis an die Grenze der Tschechischen Republik, der Naturraum „Elbsandsteingebirge“, setzt sich grenzüberschreitend als „Böhmische Schweiz“ weiter fort. Auch der Luchs stört sich nicht an der Staatengrenze; als typischer Bewohner ausgedehnter Wälder in felsiger Landschaft ist er auf beiden Seiten der Grenze anzutreffen.

Vielleicht wird im Elbsandsteingebirge eines Tages einmal ein viel größerer, deutsch-

tschechischer Nationalpark entstehen, der sich dann an den natürlichen Gegebenheiten orientiert und nicht an künstlichen Ländergrenzen halt macht. Denn Tiere und Pflanzen halten sich ohnehin nicht an ein von Menschen gemachtes Regelwerk.

Die Tafelberge wie der Lilienstein (Bildhintergrund) sind kompakte zusammenhängende Reste der ehemals kompakten Sandsteinplatte, aus der durch Gesteinsverwitterung und verschiedenste Erosionsvorgänge diese heutigen Felsformationen des Elbsandsteingebirges hervorgingen. Rundum werden solche Tafelberge durch einen tiefen Steilabfall begrenzt, und zu ihren Füßen breitet sich Waldlandschaft aus.

Je nach Lage und Nährstoffgehalt der Felsoberfläche siedeln sich unterschiedliche Baumarten auf und zwischen den Felsen an: Die sonnigen, trockenen Sandsteingipfel der Schrammsteine sind wegen ihres silikathaltigen Untergrundes recht nährstoffarm, so daß hier nur anspruchslose Baumarten wie die Waldkiefer, Birke und Eberesche wachsen können. Laubwälder gedeihen dagegen fast nur auf den nährstoffreichen Basaltkuppen oder auf den Hanglagen im Granit.

Der Dreifingerturm gehört zu einer markanten Felsgruppe in der Hinteren Sächsischen Schweiz, den Schrammsteinen. Erst Ende des letzten Jahrhunderts wurde dieses Gebiet durch den Bau von Wegen erschlossen. Vorher hieß es: „Die Schrammsteine sind entschieden die wildeste Partie des ganzen Elbsandsteingebirges; Damen ist deren Ersteigung nicht, kräftigen Herren dagegen sehr zu empfehlen..."

Ein atemberaubender Einblick bietet sich von der Großen Gans auf die Felsnadeln im Raaber Kessel.

Durch die fortwährende Auswaschung des Sandsteins durch Regenwasser entstehen stellenweise fast waagerechte, schmale Absätze im Fels, auf denen von Wind verdriftete Pflanzensamen liegenbleiben. Manche der Samen finden selbst in diesen nackten Gesteinsmulden genügend Nährstoffe, um einen Baum wachsen zu lassen.

An einem windgeschützten Standort, eingeengt zwischen einigen Sandsteintürmen in der Nähe der Basteifelsen, konnte eine junge Buche Wurzeln schlagen.

Die Sandsteinwände werden von den verschiedensten Flechtenarten bewohnt. Die strahlendgelbe Schwefelflechte ist wohl die auffälligste ihrer Gruppe. Flechten sind Mischwesen aus Pilzen und Algen, die mit den schwierigen Bedingungen eines durch lange Trockenheiten und ständigen Nährstoffmangel geprägten Lebensraumes gut fertigwerden.

Die Hauptbeutetiere des scheuen Luchses sind Rehe, die in der Sächsischen Schweiz recht zahlreich vorkommen. Anfang des 19. Jahrhunderts war der Luchs, wie auch Wildkatze, Bär und Wolf, im Elbsandsteingebirge bereits ausgerottet. Aber nur dem Luchs ist es gelungen, sich (wahrscheinlich seit den 30er Jahren unseres Jahrhunderts) wieder im Gebiet zu etablieren, vor allem in den unzugänglichsten Felslandschaften im deutsch-tschechischen Grenzgebiet.

Der Uhu ist unsere größte heimische Eule. Wanderfalke und Uhu gelten als Charaktervögel der Sächsichen Schweiz.

Dieses Bild zeigt die Felsentürme der kleinen Gans. Die steilen Felswände der Sächsischen Schweiz locken viele Kletterer an.

Mit der Erstbesteigung des 378 Meter hohen Falkensteins im Gebiet der Schrammsteine wurde 1864 der Klettersport in der Sächsischen Schweiz „geboren". Auf diesen völlig freistehenden, tief unten von Wald umgebenen Felsturm führen heute mehr als 100 verschiedene Kletterrouten.

Selbst in den kleinsten Nischen und Spalten des Sandsteines keimen Samen und lassen Birken aus ihnen erwachsen.

Frühmorgens zieht häufig dichter Nebel aus den feuchtkühlen Schluchten herauf und bedeckt die Sächsische Schweiz mit einer weißen Decke.

Reizvoll sind die kristallklaren Bergbäche im Nationalpark. Die Kleine Ohe im Bild fließt noch auf weiten Strecken mit der ungebremsten, natürlichen Dynamik eines ursprünglichen Bergbaches vom Lusen hinunter ins Tal. Weiter abwärts wurde ihr Bachbett allerdings im letzten Jahrhundert für die Holztrift begradigt und teilweise mit Holzstämmen ausgelegt. Er ist seit 1997 Teil des erweiterten Nationalparks.

Nationalpark Bayerischer Wald

„Urwald" in Deutschland

Ein Baumriese hat seine Lebensgrenze unausweichlich erreicht und stirbt in würdevoller Schönheit; die Begegnung mit Sterben und Tod ist hier, im ruhigen Dunkel des Waldes, auf einmal nichts Bedrohliches mehr: Die Bäume kommen und gehen, doch der Wald bleibt.

Naturnaher, alter Bergfichtenwald wächst im Bereich des Sommerweges zum Lusen. Luftschadstoffeinträge, Klimaerwärmung und andere Streßfaktoren haben diesen sensiblen Waldtyp im Bereich der natürlichen Waldgrenze geschwächt. Letztendlich durch den Borkenkäfer als „Vollstrecker“ sterben die alten Fichten großflächig ab. Der Waldboden ist übersät mit niedergefallenen Ästen und umgestürzten Bäumen, die so neuen Platz für die bereits nachwachsenden jungen Baumgenerationen schaffen.

Versteckt im Wald, inmitten eines uralten Hochmoores, liegt der Latschensee. Über Bohlenwege ist der kleine Moorsee gut zu erreichen. Der Latschensee ist der Überrest eines einstmals viel größeren Sees. Das kühle Bergklima verhinderte die vollständige Zersetzung abgestorbenen Pflanzenmaterials, das sich mit der Zeit anhäufte und den Torfmoosen, den Bestandsbildnern der Hochmoore, geeignete Lebensbedingungen bot. Diese Moose sterben von unten her ab und bildeten so noch heute eine immer dicker werdende Torfschicht. Langsam wuchs ein mächtiges Hochmoor heran, in dem nur wenige andere anspruchslose Pflanzenarten, etwa Latschenkiefern oder der fleischfressende Sonnentau, überleben können.

Nationalpark Bayerischer Wald

Die Deutschen und ihr Wald

Es ist noch keine 100 Jahre her, da galt der Wald als ein unwirtlicher Ort, wo böse Geister und wilde Tiere ihr Unwesen trieben. Er war ein zutiefst fremder Bereich, eine unzugängliche, düstere Gegenwelt - und gefährlich für den Menschen. Nur Gesetzlose und Aussätzige hielten sich hier auf.

Der Broterwerb durch den Wald gestaltete sich damals als harter Existenzkampf für Köhler, Holzfäller und Glasmacher. Bauern rangen mühsam durch Rodung und Urbarmachung den dichten Wäldern fruchtbare Inseln für Landwirtschaft und Viehzucht ab. Kleine Ansiedlungen wie Dörfer und Klöster entstanden; dennoch blieb der Bayerische Wald ein Hungergürtel, undurchdringlich, abweisend und düster. Heute, da der Mensch die Urwälder fast überall auf der Welt durch massives Abholzen bedroht, wird er sich der schon fast verlorenen Vielfalt und Schönheit des Waldes bewußt und sehnt sich nach seiner geheimnisvollen Stille.

Unendliches Grün

Das „Urwaldmuseum" Nationalpark Bayerischer Wald bildet mit 131 qkm die größte zusammenhängende Waldfläche Zentraleuropas. Tiefes Grün breitet sich aus über einer uralten Mittelgebirgslandschaft, mitunter von scharfen Schluchten durchschnitten, in denen wunderbar klare Bergbäche fließen. Riesige

Waldteppiche bestimmen das Bild, gelegentlich unterbrochen von einem Geschiebe - gehäufte, wild anmutende Blockhalden aus unzähligen Granitsteinen. Sie bilden einen idealen Lebensraum für zum Teil bedrohte Tierarten wie den Eidechsen oder der Kreuzotter.

Vom Lusen- oder Rachelgipfel aus bekommt der Besucher eine Ahnung von der Schönheit einer natürlich gewachsenen Landschaft, und etwas weiter, mit der alten Rachelkapelle im Rücken und dem Rachelsee zu Füßen, befindet er sich tief im Herzen des Bayerischen Waldes. Wie von einem unsichtbaren Faden gezogen steigt er tiefer bis hinunter an den berühmten Bergsee mit seiner markanten Steilwand. Das Murmeln des Wassers, der Geruch der Pilze im modernden Holz und die feuchte Kühle der Waldmoose am Boden wecken im Wanderer eine tiefe, persönliche Empfindung für die Natur.

In dem rauhen Klima der Hochlagen des Bayerischen Waldes, insbesondere bei den Schachten, werden die Bäume von Wind und Schnee zerzaust und oftmals abgeknickt.

Die Schachten sind die Almen des Bayerischen Waldes – vom Menschen ab dem 16. Jahrhundert in vormals dichten Wäldern angelegte Waldwiesen zur Viehhaltung. Als Zeugen einer Kultur vergangener Generation mit Ausblicken auf das Waldmeer besitzen sie heute einen großen landschaftlichen Reiz. Die Buche (im Bild) in ihrem prächtigen Herbstlaub steht auf dem Kohlschachten in der Nähe von Buchenau.

Zur Wiederansiedlung sind die an Menschen gewöhnten Bären nicht geeignet. Obwohl in anderen Ländern durchaus positive Erfahrungen mit wildlebenden Bären gemacht werden - bis auf aufgerissene Bienenstöcke oder gerissene Schafe kommt es kaum zu irgendwelchen Zwischenfällen - ist der Nationalpark nicht groß genug, als daß der Braunbär dort seinen Platz finden könnte. Erst wenn der Mensch bereit ist, den Braunbär seinen angestammten Lebensraum zurückzugeben, steigen seine Chancen zur erfolgreichen Rückkehr.

Die possierlichen Jungtiere sind auf dem Foto etwa sechs Monate alt. Noch etwas tolpatschig klettern die verspielten jungen Bären manchmal bis in die höchsten Spitzen der Bäume.

Braunbären waren bis ins 18. Jahrhundert im Bayerischen wie auch im Böhmischen Wald heimisch. Heute lebt dieses größte europäische Landraubtier nur noch in dem großzügig angelegten Freigehege des Nationalparks. Daß sich die Braunbären hier recht wohlfühlen, beweist ihre nun schon in mehreren Jahren erfolgreiche Jungenaufzucht.

An den Rändern des Nationalparks treffen Kultur- und Naturlandschaft aufeinander. Durch Rodung entstandene, ausgedehnte Wiesen bestimmen dort das Bild. Im Frühling verwandeln sie sich mit der Blüte des Löwenzahns in gelbe Blumenmeere.

Ein langer „Rückweg" zum Urwald

Mit der Gründung des Nationalparks Bayerischer Wald im Jahre 1970 wird dem immer stärker werdenden Verlangen der menschlichen Seele nach dem Urwald ein wenig Linderung geboten. Allerdings werden erst unsere Kinder und Kindeskinder wieder einen Wald durchwandern können, der nicht geprägt ist von den eingreifenden Regulierungen des Menschen.

Denn auch heute noch ist das Erscheinungsbild des Waldes im Nationalpark nach mehr als 25 Jahren seit seiner Gründung stark von der Forstwirtschaft gezeichnet, obwohl er wegen seiner unzugänglichen Gebirgslandschaft im Vergleich zu den meisten anderen Regionen Europas nur spärlich genutzt wurde. Es gibt jedoch eine Basis für eine neue „Ursprünglichkeit". Immerhin ist der Nationalpark Bayerischer Wald das größte, zusammenhängende Waldgebiet Mitteleuropas, und noch immer finden sich, wenn auch nur spärlich, die natürlichen Fichtenauwälder der Täler, Bergmischwälder aus Fichte, Tanne, Buche und Ahorn und die Wälder der Hochlagen mit ihren schmalkronigen Fichten. Was vielleicht aber viel wichtiger ist: Auf 8.000 Hektar Fläche greift keine Menschenhand mehr in den Kreislauf der Natur ein. Das Unterholz wuchert ungestört vor sich hin, und die abgestorbenen, umgestürzten Baumstämme vermodern und bieten so wieder eine Grundlage für neues Leben. Sturmschäden, durch Blitzschlag entzündete Feuer, Überschwemmungen oder der Einfluß von den sogenannten Schädlingen gelten hier nicht als Katastrophen, sondern als natürliche Landschaftsgestalter. Ein Wald, der einst von ganz alleine, jahrtausendelang vom Menschen unbeeinflußt gewachsen ist, braucht keine noch so gut gemeinte Hilfe.

(Un-) sichtbare Tierwelt

Die Artenvielfalt der Wälder, die in einem Zitat von Bernhard von Clairvaux zum Ausdruck kommt - „Du wirst mehr in den Wäldern finden als in den Büchern. Bäume und Felsen werden dich Dinge lehren, die kein Lehrer dir je sagen wird" -, trifft leider nicht mehr so ohne weiteres zu, denn ein

Großteil der ursprünglichen Tierwelt des Bayerischen Waldes hat auch im Nationalparkgebiet nicht überleben können. Wolf, Bär und Luchs zum Beispiel wurden schon vor über 100 Jahren ausgerottet, lange vor der Gründung des Parks. Ohnehin scheue Waldtiere wie Auerhühner, Rehe und Hirsche haben die inzwischen eingestellte Jagd längst noch nicht vergessen. Kaum ein Besucher wird die scheuen Tiere in freier „Waldbahn“ je zu Gesicht bekommen, und Füchse und Marder sind oft nur des nachts aktiv. Kein Wunder also, daß sich das 200 Hektar umfassende Tierfreigehege des Nationalparks bei den Besuchern größter Beliebtheit erfreut. Alle Tiere leben hier in Gehegen, die sie in ihren natürlichen Lebensgewohnheiten kaum einschränken. Allerdings kann es auch hier schon einmal vorkommen, daß weder Bär noch Wildkatze zu sehen sind, weil sie sich gerade zum Mittagsschlaf in ihre Höhlen zurückgezogen haben. Und ein Habichtskauz, der zum Greifen nahe über den Köpfen der Menschen auf einem Ast sitzt, wird von den Vorübergehenden vielleicht gar nicht bemerkt.

Seit wenigen Jahren tauchen aus den Ostgebieten vereinzelt wieder einige der „verlorenen“ großen Wildtiere auf. Manchmal ist es der sagenumwobene Wolf, der in Mecklenburg-Vorpommern gesichtet wird, oder der Luchs, der aus dem tschechischen Teil des Mittelgebirges seinen alten Lebensraum, den Bayerischen Wald, mit ersten zaghaften Schritten zurückerobert. Bis zu „echten Urverhältnissen“ ist es trotzdem noch ein weiter Weg, und den großen Pflanzenfressern, den Wisenten, könnte man ihre ursprüngliche Umgebung im Bayerischen Wald zur Zeit noch nicht bieten. Ebenso wird es wohl noch ein paar Jahre dauern, bis der Steinadler vielleicht wieder über den Weiten des Bayerischen Waldes kreist.

Aber trotz erster Erfolge, darf nicht vergessen werden, wie relativ jung die menschlichen Bemühungen sind, der Natur wieder ihren freien Lauf zu lassen. Der Nationalpark Bayerischer Wald ist zwar der älteste Park in Deutschland - aber was sind schon knapp drei Jahrzehnte - gemessen an den Zeiteinheiten eines Urwaldes?

Der Rachelsee unterhalb des Rachelgipfels entstand in der letzten Eiszeit. Er ist von steilen, bewaldeten Wänden, der Seewand, und einem eiszeitlichen Moränenwall umgeben.

Unzählige Granitblöcke bilden das Blockmeer auf dem Gipfel des Lusen. Abwechselndes Frost- und Tauwetter führen seit Jahrtausenden zur Sprengung und weiteren Zerteilung des Gesteins. Anspruchslose Flechten, wie sie auch an der polaren Waldgrenze in der Tundra vorkommen, die mit anhaltender Trockenheit genauso fertigwerden wie mit Regen oder Frost, überziehen an vielen Stellen den Granit.

Im Herbst färben sich die Blätter der Blaubeersträucher in tiefes Rot. Die Blaubeere ist in der Region der Blockfelder der einzige Strauchbewuchs, der mit den kargen Lebensbedingungen der Felsenlandschaft zurechtkommt. Aber nur wenige Meter aufwärts verhindern die groben Felsbrocken jegliches Wachstum höherer Pflanzen.

In frischem Frühlingsgrün präsentiert sich der Bergmischwald im Mai. Die Blätter jeder Baumart leuchten in ihrem eigenen Grünton und zeugen so von der Vielfalt eines naturnahen Bergmischwaldes. Die typischen Baumarten sind außer der Fichte vor allem auch Buche und Tanne. Auf den etwas felsigeren Bereichen mischt sich das helle Grün des Bergahorns hinzu. Spitzahorn und vor allem Esche und Linde bereichern die Palette der Laubbäume auf gut nährstoffversorgten Böden im Bergmischwald. Je kühler und feuchter das Klima, desto größer wird der Fichtenanteil im Bergmischwald.

Der Sperlingskauz ist unsere kleinste einheimische Eule. Er wird nicht größer als ein Star und bringt ganze 60 - 75 Gramm auf die Waage. Als Brutplatz wählt er verlassene Spechthöhlen, vor allem von Buntspecht und Dreizehenspecht. Wie alle Eulen legt auch der Sperlingskauz reinweiße, rundliche Eier, aus denen nach einem knappen Monat die anfangs blinden Eulenküken schlüpfen. Erst nach ca. einer Woche öffnen sich die Augen der Jungvögel. Bevorzugte Beutetiere des Sperlingskauzes sind Mäuse, die er in der Dämmerung und auch tagsüber auf Waldwiesen oder Windwurfflächen im Wald fängt.

Im Herbst zerrt der Wind so lange an den bunten Laubblättern, bis diese schließlich zu Boden fallen und einen gelbbraunen Blätterteppich bilden.

Da viele Pilzarten auf totes, organisches Material, meist in Form von abgestorbenen Pflanzen, als Nahrung angewiesen sind, können sie sich besonders gut an den Orten entfalten, wo der Mensch den Wald sich selbst überläßt.

Wölfe leben in Rudeln, deren Kerneinheit die Mutterfamilie bildet. Diese Lebensgemeinschaften bestehen aus bis zu 10 Tieren. Rehe, Hirsche oder Wildschweine sind die bevorzugte Beute der Wölfe, die sie im Rudel jagen.

Eine alte Bergfichte – Schnee und Stürme haben den Baum zerbrechen lassen. In einem der Natur überlassenen Wald ein oft anzutreffendes Bild.

Freilebende Wölfe gibt es in Deutschland schon lange nicht mehr. Die letzten Wölfe lebten hier Ende des 19. Jahrhunderts im Saarland. In neuerer Zeit wandern vereinzelt wieder Wölfe, hauptsächlich aus Polen kommend, nach Deutschland ein. Doch die Angst der Bevölkerung vor dem Raubtier ist zu groß, um ihm in Deutschland ein Bleiberecht zu gewähren. Im Nationalpark Bayerischer Wald kann der Besucher jedoch mit etwas Glück in dem sehr weitläufigen Tierfreigehege Wölfe beobachten.

Typisch für Wildkatzen ist die verwischte, kaum sichtbare Fellmusterung und der stumpf, stark buschige Schwanz, der in der hinteren Hälfte schwarze Ringe trägt. Bis zu sechs Jungtiere wirft eine Wildkatze im Frühjahr. Bei kühlem und nassem Wetter im Frühjahr haben die jungen Wildkatzen jedoch nur geringe Überlebenschancen. Bei hohen Schneelagen hat die Katze Schwierigkeiten, ihre Hauptbeute, die Wühlmäuse unter der Schneedecke zu erbeuten. Deswegen werden kalte Regionen mit hohen Schneelagen nicht besiedelt. Auch im Bayerischen Wald ist das Vorkommen der Wildkatze auf die tieferen Lagen, vor allem des Nationalpark-Vorfeldes, beschränkt.

Das scheinbar willkürliche Chaos der sich selbst überlassenen Wälder mag dem menschlichen Ordnungssinn auf den ersten Blick widerstreben. Doch in der Natur ist nichts überflüssig. Die Ritzen und Spalten zwischen den Steinen und Wurzeln, die feuchten Moosteppiche auf dem modernden Holz, der Schatten unter den wuchernden Farnen: Jedes Detail bietet den unterschiedlichsten Organismen den für sie geeigneten Lebensraum.

Nach einem heftigen Regen rinnt aus diesem urtümlichen, im feuchten Schatten üppig sprießenden Farnwald an der Höllbachgespreng am Falkenstein ein kleiner Bach.

Das gefleckte Knabenkraut ist die häufigste Orchideenart im Bayerischen Wald und in fast ganz Europa verbreitet. Ihre bevorzugten Standorte sind die feuchten, lichten Bergwälder des Nationalparks die sie sich mit anderen feuchtigkeitsliebenden Pflanzen wie Farne oder Schachtelhalme teilen.

Die klaren unbelasteten Bergbäche im Bayerischen Wald bilden, wenn sie durch Luftschadstoffeinträge nicht zu sauer geworden sind, noch Lebensraum für einige bedrohte Fischarten wie die Bachforelle oder die am Bachgrund lebende Mühlkoppe. Auch die Flußperlmuschel, aus der in den vergangenen Jahrhunderten mehr als 150.000 Perlen für Kronen und Schmuckstücke der bayerischen Herzöge gewonnen wurde, lebt heute noch in den sauberen Bächen und Flüssen des Nationalparks.

Die tiefen Schluchten der Wimbachklamm mit ihren unzähligen Wasserfällen bilden den Eingang zum Wimbachtal. Ein besonders eindrucksvolles Erlebnis ist der Besuch der Wimbachklamm im Frühjahr, denn die Wasserfälle werden vor allem durch das Schmelzwasser gespeist, das zu dieser Jahreszeit aus den Bergen kommt.

NATIONALPARK BERCHTESGADEN

Wildnis Alpenlandschaft

Majestätisch ragen die verschneiten Berggipfel von Watzmann, Hochkalter und Steinernem Meer in den strahlendblauen Himmel. Inmitten dieses wilden, unerschlossenen Hochgebirges liegt der Königssee in seinem engen Tal und spiegelt die orange-rot verfärbten Herbstwälder in seinem Wasser.

Das Watzmann-Massiv ist das Wahrzeichen des Berchtesgadener Landes, Symbol einer unberührten Landschaft in Mitteleuropa. Seine Gipfelregion ist auch im Sommer noch von Schnee bedeckt. An einem späten Abend im Oktober hat die Sonne die Föhnwolken über dem Watzmann-Massiv in ein leuchtendes Rot getaucht.

Im Landtal wird ab Höhen von 1.400 Metern die subalpine Stufe in den Berchtesgadener Alpen erreicht. Hier gedeihen nur noch kälteresistente Nadelbaumarten wie Lärchen und Fichten. Je näher man kommt, desto niedriger wird ihr Wuchs. Bei 1.900 Meter über NN ist in den Nordalpen die Baumgrenze erreicht, und die bewaldeten Hänge werden durch die kahlen, felsigen Regionen der Hochlagen abgelöst.

Nationalpark-Berchtesgaden

Menschenfeindliche Landschaft

Lange Zeit wirkte die wilde, unzugängliche Gebirgslandschaft abweisend und furchteinflößend auf die Menschen im Berchtesgadener Land. Die steilen, zerklüfteten Flanken der Berge bilden eine 20 Kilometer lange Umgrenzung des Sees, die eine dauerhafte menschliche Besiedlung verhinderte. Gleich einem ersten, zaghaften Trittstein in die ursprüngliche Wildnis wurde im 12. Jahrhundert am Ufer der gleichnamigen Halbinsel die kleine Kirche Sankt Bartholomä errichtet.

Noch heute spiegeln die überlieferten Sagen das Verhältnis der Menschen zum Gebirge wider. So soll der 2.713 Meter hohe Watzmann durch einen Fluch entstanden sein: Wie die Sage erzählt, herrschte im Berchtesgadener Land einst der grausame König Watzmann, der mit dem größten Vergnügen Menschen und Tiere quälte und tötete. Als der König aber eines Tages ein altes Mütterchen mit seinem Pferd zu Tode trampelte, wurde er von der sterbenden Greisin schrecklich verflucht und erstarrte augenblicklich zu Stein.

So als wolle die Sage weiterleben, fordert der steinerne „König Watzmann" weiterhin seine Todesopfer: An seiner Ostwand ließen seit ihrer Erstbesteigung im Jahre 1881 bereits mehr als 90 Bergsteiger ihr Leben.

Alpines Leben im Winter...

Eisiger Wind streicht in den langen Wintern an den spärlich bewaldeten Berghängen der Hochlagen entlang. Auf 1.900 Meter über NN kämpfen Latschen, Zirben und Lärchen, besonders widerstandsfähige Nadelbäume, ums Überleben. Zwischen den weißen, gebeugten Bäumen scheint während der kalten Jahreszeit niemand zu leben. Wer ahnt schon, daß unter der meterhohen Schneedecke einige Schneehühner, als mollige Kugeln dicht aneinandergedrängt, auf das Ende des Sturmes warten? Bevor der Wind zu stark wurde, haben sie einen engen Tunnel in den Schnee gegraben und sind gemeinsam darin verschwunden. Auch ein eben vorbeiziehender Schneehase bleibt in der weißen Landschaft unsichtbar. Rechtzeitig vor Einbruch des Winters hat er ein weißes Kleid angelegt und einzig seine schwarzen Ohrspitzen könnten ihn den scharfen Augen eines Steinadlers verraten.

... und nach der Schneeschmelze

Schon lange vor der Schneeschmelze im Frühjahr beginnt die Alpensoldanelle unter der Schneedecke zu wachsen. Sobald sie dann das erste Licht der Sonne erblickt, öffnen sich ihre zu diesem Zeitpunkt schon voll entwickelten Blütenknospen. Andere Blumen machen es ihm nach, um die kurze Sommerzeit optimal auszukosten.

Der Tisch ist für die Murmeltiere, wenn sie nach sechsmonatigem Winterschlaf dünn und hungrig aus ihren Erdhöhlen krabbeln, also schon reichlich gedeckt. Zwischen sattem Grün blühen auf den sommerlichen Almen bunt verstreut rosafarbene Türkenbundlilien, rosaleuchtende Mehlprimeln und strahlendblaue Enziane - über die manchmal große gefleckte Kühe mit massigen Glocken um ihren faltigen Hälsen spazieren. Hin und wieder sind die schrillen Pfiffe der Murmeltiere zu hören; Späher melden eine Gefahr: vielleicht ist ein Steinadler am Himmel aufgetaucht. Die Gemsen am gegenüberliegenden Berghang haben den Greifvogel bereits entdeckt und verfolgen wachsam seinen Flug. Im Sommer liegen sie oft auf den alpinen Grasmatten in der Sonne,

Der Blick von der Wegekreuzung vom Hochgeschirr zur Gotzenalm geht über dichte Bergfichtenwälder hinüber zur Röthwand und dem Röthbachfall. Die Fichten der Hochlagen sind mit ihren kurzen, eng am Stamm anliegenden Ästen gut an das schneereiche Klima angepaßt. Die spezielle Wuchsform verhindert, daß im Winter zuviel Schnee auf den Bäumen liegen bleibt, unter dessen Last sie sonst zusammenbrechen würden.

Plötzliche Wetterumschwünge sind in den Alpen gerade zur Sommerzeit nichts Ungewöhnliches. Innerhalb kurzer Zeit ziehen dann Wolken an dem eben noch klaren Himmel auf, und ein Gewitter erfüllt die Berglandschaft mit grellen Blitzen, wie hier über den beiden Teufelshörnern des Hagengebirges.

Einer der meist besuchten Aussichtspunkte am Königssee ist der romantische Malerwinkel, benannt nach den vielen Künstlern, die sich hier vor allem im 19. Jahrhundert von der grandiosen Landschaft inspirieren ließen. Vom Malerwinkel schweift der Blick über den gesamten See bis zur Kapelle St. Bartholomä.

Wie dicke Wattebäusche muten die Linsen-Föhnwolken über dem schneebedeckten Watzmann-Massiv an. Innerhalb weniger Augenblicke erzeugen Wind und Wetter die unterschiedlichsten Wolkenbilder, die sich bereits einige Minuten später wieder vollständig auflösen können.

Vom Feuerpalfen bei der Gotzenalm genießt man einen herrlichen Ausblick auf die steile Ostwand des Watzmanns und den Königssee mit der Kirche St. Bartholomä an seinem Ufer. Mehr als 2.000 Meter Höhendistanz trennen die Oberfläche des Sees vom Gipfel des Watzmanns. Seiner unzugänglichen Lage zwischen Watzmann, Steinernem Meer und Hagengebirge und dem Fehlen menschlicher Besiedlung verdankt der Königssee bis heute eine hervorragende Trinkwasserqualität.

während ihre Kitze einander über geröllbedeckte Felsplatten jagen. In ihren jugendlichen Bocksprüngen zeichnet sich bereits die unglaubliche Geschicklichkeit ab, mit der diese Tiere auf felsigem Untergrund balancieren können.

Weideflächen im Gebirge

Heute verrät nichts mehr von den Gefahren und Anstrengungen, die die Bergbauern auf sich nehmen mußten, um ihre Kühe, Pferde und Schafe auf steilen, halsbrecherischen Pfaden hinauf in die Gebirge zu treiben. Bis über 1.900 Meter mußten die Senner damals durch felsigen Bergurwald mit ihrem Vieh steigen, um die Grasmatten jenseits der alpinen Baumgrenze zu erreichen. Dort weideten sie den Sommer über ihr Vieh. Wenn das Gras knapp wurde, führten sie die Tiere auch in die angrenzenden Wälder. Ein Großteil der ehemals 73 Almen im Berchtesgadener Land ist inzwischen wieder dem Lauf der Natur überlassen worden, aber bis heute zeugt eine um bis zu 300 Höhenmeter abgesenkte obere Waldgrenze an manchen Berghängen von der ehemaligen Waldbeweidung.

Eine typische Blume der sommerlichen Bergwiesen ist der Türkenbund. In der Volksmedizin wurde die goldgelbe Zwiebel des Türkenbundes zahnenden Kindern als Amulett um den Hals gehängt.

Ein Blick vom Laafeld aus auf den kleinen Seeleinsee, den Fagstein und die Roßfeldalm. Auf die ehemals bis zu einer Höhe von ca. 2.000 Meter über NN reichenden Almflächen trieben die Senner im Sommer ihr Vieh. Sie bevorzugten das genügsame und trittsichere Pinzgauer Rind, das sie wegen seiner Eigenschaften auch stolz „Berchtesgadener Katze" nannten.

Ein kleiner Schritt in Richtung „echte Wildnis"

In den Alpen hat sich, vor allem in den höheren Lagen, mehr Natur in die Gegenwart hinüberretten können als in den meisten anderen Ökosystemen Europas. Diese „Urlandschaft" wird auch heute noch vor allem durch Abgeschiedenheit und durch das unwirtliche Klima charakterisiert. Dennoch: Bären, Wölfe, Luchse und Geier sind aus ihrem natürlichen Lebensraum durch das Einwirken des Menschen verdrängt worden. Luchs und Bartgeier scheinen das Berchtesgadener Land zurückzuerobern. Als lämmermordendes Monster wurde der Geier im vergangenen Jahrhundert gebrandmarkt und bis zur Ausrottung gejagt. Tatsächlich aber frißt er lediglich die Knochen bereits gestorbener Tiere. Seine Wiedereinbürgerung im gesamten europäischen Alpenraum wird jetzt - nach langer und erfolgreicher Öffentlichkeitsarbeit - mit Akzeptanz der Landbevölkerung begleitet. So ziehen derzeit etwa 50 Bartgeier über den europäischen Alpen ihre Kreise, und ganz selten wird einer dieser großen Vögel nun auch in den drei Tälern und den umliegenden Bergen gesichtet, die den Nationalpark Berchtesgaden bilden.

Der rosablühende Alpendost gedeiht als typische Alpenpflanze noch in großen Höhen. Wegen der schneeweißfilzigen Behaarung ihrer Blattunterseiten heißt die Pestwurz im Berchtesgadener Raum auch „Weiße Goaskrapfeln“. Ihre Blätter wurden früher in Wasser gelegt und als Schweinefutter verwendet.

Erfreulicherweise gibt es heute wieder jedes Jahr zahlreichen Nachwuchs bei den Alpensteinböcken. Im Gegensatz zu den Gemsen, die gerne auch in die tieferen Berglagen absteigen, ist das Revier der Steinböcke auf die steilen, felsigen Hochlagen und alpinen Schutthalden beschränkt.

Buntgesprenkelt erblühen im Frühsommer die Almmatten. An einer Glockenblume bilden sich im Nebel Tautropfen.

1934 ließ man aus jagdlichen Interessen einige Alpensteinböcke im Gebiet des heutigen Nationalparks ansiedeln. Die Tiere wurden dazu mit einer Seilbahn in die Röth transportiert und dort ausgesetzt. Von der Seilbahn sind allerdings nur noch einige Reste zwischen der Landtal-Alm und der Wasser-Alm zu finden. Die Steinböcke sind bis heute zu einer stabilen Population von etwa 70 Tieren herangewachsen.

Das Alpenmurmeltier ist im gesamten Königsseegebiet sehr zahlreich. Ursprünglich war dieses Nagetier nur in der alpinen Steppenregion oberhalb der natürlichen Baumgrenze heimisch. Auf den gerodeten Almflächen fand es zusätzlichen Lebensraum. Besonders zutraulich gegenüber Menschen sind die Murmeltiere im Bereich des Kärlingerhauses am Funtensee.

Viel Glück gehört dazu, bei einer Bergwanderung auf eine große Herde von Steinböcken zu treffen. Ihr Revier erstreckt sich über das gesamte Hagengebirge, den Kahlersberg und über die Grenze des Nationalparks hinaus bis nach Österreich.

Das Edelweiß ist ein Symbol der alpinen Bergwelt. Dabei ist es gar keine „echte" Alpenpflanze: Erst durch die Eiszeiten wanderte das Edelweiß aus den asiatischen Steppen in die Alpen ein, wo es heute auf hochgelegenen, unzugänglichen Matten und an sonnigen Steilhängen wächst.

Nach einem plötzlichen Wintereinbruch wurde dieser hochgiftige Blaue Eisenhut im Laufe einer kalten Septembernacht mit einer dicken Eisschicht überzogen. Viele Alpenpflanzen produzieren für solche Fälle in ihren Zellen ein zuckerähnliches „Frostschutzmittel“, um zu verhindern, daß bei niedrigen Temperaturen der pflanzliche Zellsaft gefriert.

Nach den ersten starken
Schneefällen im Herbst versinkt die
Berchtesgadener Alpenlandschaft in der
Stille des einsetzenden Winters.

Einer fluores-
zierenden
Wolke gleich,
schwebt ein
sogenannter
Föhnbesen
über dem
Watzmann.

Der Schnee, der ab Oktober in den Hochlagen fällt, bleibt in der Regel bis zum Frühjahr liegen. Während dieser Zeit müssen die Bäume des Bergwaldes, vorwiegend Fichten, Lärchen und Bergkiefern, die Härte des Winters ertragen.

Gemsen kommen auch mit hohen Schneelagen gut zurecht. Im Winter werden jedoch immer wieder einige der Tiere von Lawinen überrascht und stürzen ab. Im Nationalpark gibt es schätzungsweise 1.500 Gemsen.

Der Nationalpark Berchtesgaden ist eines der ganz wenigen Gebiete in Mitteleuropa, wo noch eine recht stabile Birkhuhn-Population ihren Lebensraum findet. Im zeitigen Frühjahr versammeln sich die Hähne zur Balz: Mit gespreizten Flügeln, aufgeblähtem Hals und aufgefächertem Schwanz streiten sie um die Gunst der Hennen.

Wie ein filigranes Kunstwerk wirken die verschneiten Äste dieser uralten Lärche am Wegesrand zwischen Gotzen- und Regenalm. Die Lärche ist die einzige einheimische Nadelbaumart, die zum Winter ihre Nadeln abwirft, ähnlich wie die Laubbäume ihre Blätter.

Geografie

Nationalparkverwaltung
Niedersächsisches Wattenmeer
Virchowstraße 1
D-26382 Wilhelmshaven
Tel.: 04421/9110

Nationalpark
Hamburgisches Wattenmeer
Billstraße 84
D-20539 Hamburg
Tel.: 040/78800

Landesamt für den Nationalpark
Schleswig-Holsteinisches Watt
Schloßgarten 1
D- 25832 Tönning
Tel.: 04861/6160

1 Nationalpark Niedersächsisches Wattenmeer

Gründung: 1. Januar 1986; **Größe:** 2400 qkm mit 3 Schutzzonen

Geographische Lage: Wattenmeer vor den Schutzdeichen der niedersächsischen Nordseeküste, von Emden bis Cuxhaven.

Charakteristik: Regelmäßig trockenfallende Schlick-, Sand- und Mischwattflächen, Salzwiesen und Dünen; sieben bewohnte und drei unbewohnte, vor etwa 2.000 Jahren entstandene Düneninseln, Sandplaten, Priele und bis zu 30 m tiefe Seegaten zwischen den Inseln.

Biologische Besonderheiten: Feuchtgebiet von internationaler Bedeutung; Kinderstube für Fische; Lebensraum für Seehunde; Brut-, Äsungs-, Rast- und Mausergebiet, Überwinterungs- und Übersommerungsgebiet für zahlreiche Vogelarten, daher eines der vogelreichsten Gebiete der Erde.

2 Nationalpark Hamburgisches Wattenmeer

Gründung: 9. April 1990; **Größe:** 117 qkm mit 2 Schutzzonen

Geographische Lage: Kernbereich der Deutschen Bucht vor Cuxhaven im Mündungsbereich der Elbe.

Charakteristik: Vor allem Sand- und Mischwattflächen mit flachen Prielen und Sandplaten; Düneninseln Scharhörn und Nigehörn sowie die teilweise eingedeichte Insel Neuwerk.

Biologische Besonderheiten: Feuchtgebiet von internationaler Bedeutung; im Mündungsbereich der Elbe großer Brackwassereinfluß; große Seeschwalbenkolonien; bedeutende Rast- und Mauserplätze für Seevögel, daher eines der vogelreichsten Gebiete der Erde; Kinderstube für Plattfische und Sandgarnelen (Krabben); wichtiger Lebensraum für Seehunde.

3 Nationalpark Schleswig-Holsteinisches Wattenmeer

Gründung: 1. Oktober 1985; **Größe:** 2850 qkm mit 3 Schutzzonen

Geographische Lage: Wattenmeer vor der Küste Schleswig-Holsteins zwischen der Elbmündung im Süden und der deutsch-dänischen Grenze im Norden; die Inseln und großen Halligen sind aus dem Schutzgebiet ausgeklammert.

Charakteristik: Offene und brandungsgeschützte Schlick-, Sand- und Mischwattflächen, Dünen- und Strandinseln, Halligen, Priele, Buchten und Flußmündungen.

Biologische Besonderheiten: Feuchtgebiet von internationaler Bedeutung; Brut-, Nahrungs-, Rast- und Durchzugsgebiet für Millionen von Vögeln und

Nationalparkamt
Vorpommersche Boddenlandschaft
Am Wald 13
D-18375 Born
Tel.: 038234/5020

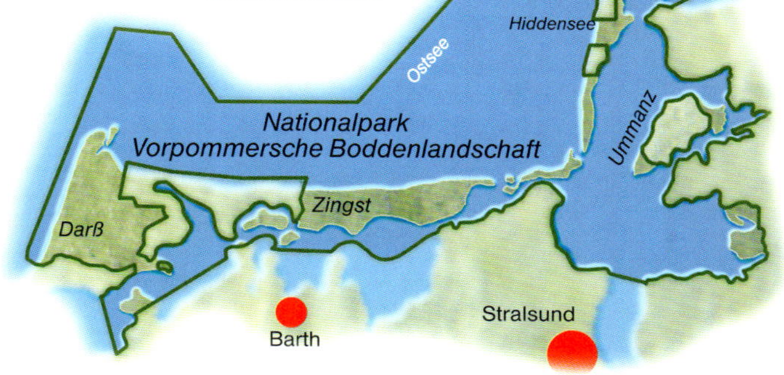

damit eines der vogelreichsten Gebiete der Erde; Aufwuchsgebiet vieler Fischarten wie Scholle und Seezunge sowie für die Sandgarnelen (Krabben); zentraler Lebensraum für Seehunde.

4 Nationalpark Vorpommersche Boddenlandschaft

Gründung: 1. Oktober 1990; **Größe:** 805 qkm mit 2 Schutzzonen

Geographische Lage: Boddenlandschaft an der Ostseeküste zwischen Rostock und Stralsund: Halbinsel Darß/Zingst, Inseln Werder, Bock und Hiddensee, Westküste der Insel Rügen, Boddengewässer von Darß/Zingst und Westrügen, Ostsee bis zur 10-Meter-Wasserlinie.

Charakteristik: Einzigartige Boddenlandschaft mit Nehrungshaken, Küstenseen, Windwatt, Salzgrasinseln und Dünentalmooren. Steil- und Flachküste mit natürlicher Dynamik; naturnahe Waldbestände.

Biologische Besonderheiten: Seeadlerbrutreviere; Zwergseeschwalbenbruten und bestandsbedrohte Salzgraslimikolen wie Kampfläufer und Uferschnepfe; Robben- und Fischottervorkommen; Feuchtgebiet von internationaler Bedeutung, Rastplatz für Wasser- und Watvögel, größter Kranichrastplatz Nordeuropas.

Nationalparkamt Rügen
Jasmund
Blieschow 7a
D-18586 Lancken-Granitz
Tel.: 038392/35011

5 Nationalpark Jasmund

Gründung: 1. Oktober 1990; **Größe:** ca. 30 qkm mit 3 Schutzzonen

Geographische Lage: Im Nordosten der Halbinsel Jasmund auf der Insel Rügen, nördlich von Saßnitz

Charakteristik: Kreidesteilküste sowie Teil der vorgelagerten Ostsee, naturnahe Rotbuchenwälder.

Biologische Besonderheiten: Zahlreiche seltene Pflanzenarten (z.B. 20 Orchideenarten), tier- und pflanzengeographisch bemerkenswerte Relikte; felsbrütende Mehlschwalbenkolonie.

Nationalparkverwaltung
Unteres Odertal
Bootsweg 1
D-16303 Schwedt
Tel.: 03332/25470

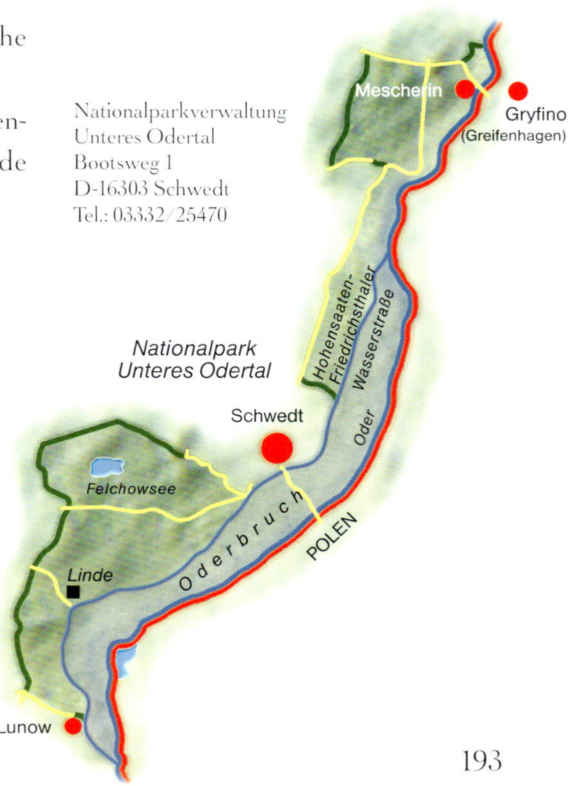

6 Nationalpark Unteres Odertal

Gründung: 29. Juni 1995; **Größe:** ca. 100 qkm

Geographische Lage: Eiszeitlich geformtes Tiefland am Unterlauf der Oder, zwischen Szczecin (Stettin) im Norden und Hohensaaten und Cedynia (Zehden) im Süden.

Charakteristik: Flußauenlandschaft mit Feuchtwiesen, Seggenrieden, Röhrichten, Altwassern und Auwaldresten, die durch Seitentäler gegliedert ist; urwüchsige Laubwälder und Wiesensteppen an den Randhängen.

Biologische Besonderheiten: Feuchtgebiet von internationaler Bedeutung,

Nationalparkverwaltung
Müritz
An der Fasanerie 13
D-17235 Neustrelitz
Tel.: 03981/45890

Vorkommen seltener Wiesenvögel wie Wachtelkönig und Seggenrohrsänger; bedeutendes Brut,- Rast-, Durchzugs- und Überwinterungsgebiet für Enten, Gänse, Schwäne, Taucher, Säger, Reiher, Kraniche und viele weitere, z.T. sehr seltene Arten. Vorkommen von Biber und Fischotter.

7 Nationalpark Müritz

Gründung: 1. Oktober 1990; **Größe:** ca. 320 qkm mit 3 Schutzzonen

Geographische Lage: Teil der Mecklenburgischen Seenplatte zwischen Neustrelitz und Waren, incl. Ostufer der Müritz und ehemaligem Naturschutzgebiet Serrahn östlich von Neustrelitz.

Charakteristik: Eiszeitlich geprägte Landschaft mit zahlreichen, z.T. naturbelassenen Seen und Mooren sowie großflächigen Waldgebieten; großflächige Moorkomplexe am Ostufer der Müritz

Biologische Besonderheiten: Brutgebiet für Seeadler, Kranich, Fischadler und Schwarzstorch, bedeutendes Durchzugsgebiet für den Kranich; Ostufer der Müritz als Feuchtgebiet von internationaler Bedeutung.

Nationalpark
Hochharz
Lindenallee 35
D-38855 Wernigerode
Tel.: 03943/55020

8 Nationalpark Harz

Gründung: 1. Januar 1994; **Größe:** 158 qkm

Geographische Lage: Im niedersächsischen Teil des Harzes gelegen, zwischen den Orten Braunlage, Herzberg und Bad Harzburg, grenzt unmittelbar an den Nationalpark Hochharz.

Charakteristik: Bewaldetes Mittelgebirge mit Bergfichten-, Buchen- und Buchenmischwäldern, Hoch- und Übergangsmooren, Blockfeldern und Fließgewässern.

Biologische Besonderheiten: Tier- und Pflanzenarten der boreal-montanen Verbreitung; unter anderem Vorkommen von Ringdrossel, Wanderfalke, Rauhfußkauz, Sperlingskauz, Wildkatze, Schlamm-Segge, Zwerg-Birke, Alpen-Milchlattich.

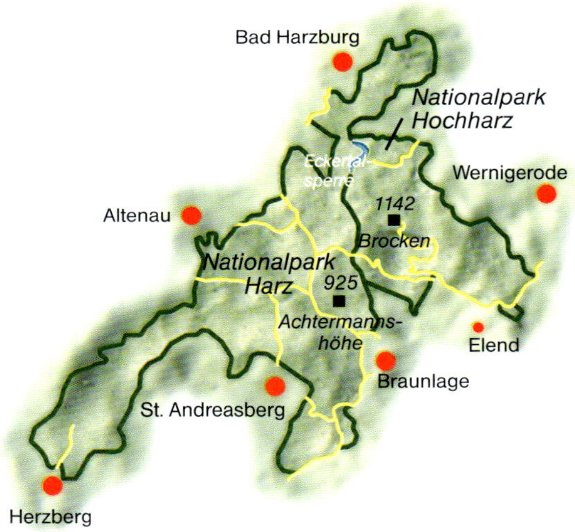

Nationalparkverwaltung
Harz
Oderhaus 1
D-37444 St. Andreasberg
Tel.: 05582/91890

9 Nationalpark Hochharz

Gründung: 1. Oktober 1990; **Größe:** ca. 58 qkm mit 3 Schutzzonen

Geographische Lage: Im sachsen-anhaltinischen Teil des Harzes, um den Brocken gelegen; grenzt unmittelbar an den Nationalpark Harz. Höchstes Gebirge nördlich des Mains und Vorposten zur Norddeutschen Tiefebene.

Charakteristik: Typischer Ausschnitt aus dem Harz mit überwiegend Fichtenwäldern, vor allem aber den einzigartigen Fichtenhochlagenwäldern mit Hangmooren, subalpinen Zwergstammheiden und Blockfeldern.

Biologische Besonderheiten: Vorkommen der Wildkatze, des Rauhfußkauzes und der Ringdrossel. Nur am Brocken vorkommende Brockenanemone;

Flora mit arktisch-alpinen, mitteleuropäisch-subalpinen und borealen Elementen.

Nationalpark
Sächsische Schweiz
Schandauer Str. 36
D-01824 Königstein
Tel.: 035021/68229

10 Nationalpark Sächsische Schweiz

Gründung: 1. Oktober 1990; **Größe:** ca. 93 qkm mit 2 Schutzzonen
Geographische Lage: Teil des Elbsandsteingebirges südöstlich von Dresden, an der Grenze zur Tschechischen Republik.
Charakteristik: Teil der naturräumlichen Einheit Elbsandsteingebiet, einer Erosionslandschaft der Kreidezeit, mit naturnahen Waldgesellschaften, Tafelbergen, Steilwänden, Schluchten und Tälern. Biologische Besonderheiten: Reichtum an Farnen und Moosen. Vorkommen von Eiszeitrelikten. Vorkommen von Luchs, Wanderfalke, Schwarzstorch, Uhu und zahlreichen anderen Eulenarten.

Nationalparkverwaltung
Bayerischer Wald
Freyunger Straße 2
D-94481 Grafenau
Tel.: 08552/96000

11 Nationalpark Bayerischer Wald

Gründung: 7. Oktober 1970; Erweiterung: 1997; **Größe:** 131 qkm (ca. 250 qkm nach der Erweiterung) mit einem ca. 10.000 Hektar großen Kerngebiet mit eingeschränktem Betretungsrecht.
Geographische Lage: Im zentralen Teil des Bayerischen Waldes entlang der bayerisch-böhmischen Grenze gelegen.
Charakteristik: Bewaldetes Mittelgebirge mit z.T. urwaldähnlichen Wäldern: Bergmischwälder, Bergfichten- und Aufichtenwälder, unberührte Hochmoore und Bergbäche.
Biologische Besonderheiten: Teilweise urwaldähnlicher Waldcharakter mit hohen Anteilen von Totholz. Vorkommen des Auerhuhns und Fischotters sowie der Rückkehrer Schwarzstorch und Luchs.

Nationalparkverwaltung
Berchtesgaden
Doktorberg 6
D-83471 Berchtesgaden
Tel.: 08652/96860

12 Nationalpark Berchtesgaden

Gründung: 1. August 1978; **Größe:** 210 qkm
Geographische Lage: Nördliche Kalkalpen bei Berchtesgaden, im Südosten Bayerns an der bayerisch-österreichischen Grenze. Markante landschaftliche Gliederung durch drei Nord-Südtäler mit Königsseetal, Wimbachtal und Klausbachtal.
Charakteristik: Hochgebirgslandschaft mit steilen Kalk- und Dolomitfelsen, Hangmischwäldern, subalpinen Fichtenwäldern, Krummholzzone, alpinen Rasen, Felsspalten- und Felslschuttgesellschaften.
Biologische Besonderheiten: Gute Bestände an Steinadlern, Rauhfußhühern (Hasel-, Birk- und Auerhuhn), Spechten (Schwarz- und Dreizehenspecht), Apollofaltern.

DANKSAGUNG

Allen, die mich bei der Realisation dieses wunderbaren Buches unterstützt haben, möchte ich herzlich danken.

An erster Stelle meiner Frau Elli, für viele gute Ideen und das unermüdliche Schleppen von Rucksäcken. Meinem Kollegen Uwe Walz, für die wichtigen Hinweise und Ratschläge zur Arbeitsweise im Nationalpark Wattenmeer. Alfred und Gerlind Schmidt für Freundschaft und Hilfe. Marie Luise und Wolfgang Köllhofer, Wirtsleute der Gotzenalm, sowie Ludwig Meffert, für ihre außergewöhnliche Gastfreundschaft, die zur Freundschaft wurde. Wolfgang Bäuml vom Nationalpark Bayerischer Wald, für die Erläuterungen und Führungen durch den Nationalpark, und Heinz Koslitz vom Rotwildgehege Scheureck, der mir seine Zeit opferte. Dank auch an Hendrick Brunckhorst vom Nationalpark Schleswig-Holsteinisches Wattenmeer und speziell den Mitarbeitern der Schutzzone Wattenmeer auf der Hallig Hoge. Dank Maren und Peter Marke vom Westküstenpark in St. Peter Ording, die es mir ermöglichten, unter idealen Bedingungen Störche zu fotografieren, Heinz Springemann, Oberförster im Nationalpark Harz, für seine Erläuterungen, und den freundlichen Mitarbeitern vom Oderhaus für ihre Hilfe. Unterstützung fand ich auch bei Ulrich Meßner - Nationalpark Müritz, Hartmut Sporns - Nationalpark Vorpommersche Boddenlandschaft, Hans-Joachim Hansen - Vogelwart Rügen, Helmut Schmidt und Hans-Jochen Haferland - beide Nationalpark Unteres Odertal, sowie allen Nationalparkverwaltungen.

Mein besonderes Dankeschön gilt den beiden Piloten Manfred Bärens und Hans Jürgen Knorr, für die wunderbaren Flüge, ohne die viele Aufnahmen nicht möglich gewesen wären.

Nicht zuletzt möchte ich dem Tecklenborg Verlag für die gute Zusammenarbeit sowie der Leica Camera AG Solms für den hervorragenden Service danken.

Zur Fotografie

Die fotografische Entdeckung der Deutschen Nationalparks und damit der schönsten Landschaften unseres Landes war und ist eine große Herausforderung. Ich selbst glaubte lange Zeit, in Deutschland sei Naturfotografie kaum mehr möglich. Ich wurde eines Besseren belehrt. Mit großer Begeisterung fotografierte ich in den ersten Parks, und diese Begeisterung wurde fast zur Besessenheit. Ich wollte und mußte das Beste daraus machen, und ich hoffe, daß es mir zumindest zum Teil gelungen ist. Ungefähr 150.000 Kilometer legte ich im VW Bus zurück, belichtete etwa 1.000 Filme, verbrachte mehr als einen

Verwendete Fotoausrüstung

kompletten Tag in Fluggeräten und wanderte ungezählte Stunden durch Dünen, Wälder, Berge und Schluchten, um das Bildmaterial für dieses Werk zusammenzutragen.

Doch nun zur Fotografie selbst:

Da ich auf äußerste Schärfe, exakte Farb- und Detailwiedergabe großen Wert lege, wäre es nur konsequent gewesen, dabei mit einer Mittelformat-Kamera zu arbeiten. Dieses Format bleibt jedoch in puncto Handlichkeit, Flexibilität und Objektivbandbreite weit hinter dem Kleinbild zurück. Aus diesem Grunde benutze ich seit Jahren das Leica R System.

Viele der Aufnahmen wurden mit der mechanischen R6.2 fotografiert. War Schnelligkeit gefragt, verwendete ich die R7. Den tiefverschneiten Harz konnte ich schon mit dem neuen Leica-Flaggschiff, der R8, fotografieren. Als Objektive dienten Brennweiten vom 15 und 16 mm Superweitwinkel über das sehr oft benutzte 2.0/50 bis hin zu den ausgezeichneten Apo Teleobjektiven 2.0/180, 4.0/280 und 2.8/400 (Modul) + 1.4 Extender.

Oft wurde ich gefragt, warum ich mit diesem System arbeite. Den ersten Grund führte ich oben bereits an, ein weiterer ist das brillante Sucherbild, das Handling der Kameras insgesamt und natürlich die Optiken. Das zusammen macht mir das Fotografieren zum Vergnügen, und es prägte meine fotografische Handschrift.

Um die optimale Leistung des Systems und der Filme nutzen zu können, arbeitete ich ausschließlich vom Stativ aus. Ich verwendete ein großes Linhof, Manfrotto und Gitzo je nach Arbeitssituation. Ausgestattet sind sie mit den jeweiligen Neigern oder Nivellierköpfen und Quickfixplatten. Diese Kombinationen garantieren einen sehr festen und weitgehend vibrationsfreien Sitz der Kameras.

Um spiegelnde Flächen zu eliminieren oder größere Farbsättigung zu erzielen, setzte ich hin und wieder einen Zirkularpolfilter ein. Keine der Aufnahmen wurde mit Effektfiltern gemacht. Kein Bild wurde digital manipuliert.

Als Filmmaterial wurde überwiegend der Fujichrome Velvia 50 eingesetzt, die restlichen Aufnahmen entstanden mit Fujichrome Provia/Sensia 100 und Kodak Ektachrome 100s.

Weiteres nützliches Zubehör sind Drahtauslöser, Winkelsucher, Aufhellschirm, Pro Tech Regenschirm, Sandsack, Gossen Handbelichtungsmesser. Als Besonderheit wurde ein Gyro Stabilizer eingesetzt, der, unter die Kamera geschraubt, bei Flugaufnahmen die Vibrationen verhindert und den notwendigen, ruhigen Halt der Kamera garantiert.

Leica Modulsystem auf Linhof Stativ

Autor mit Apo Summicron 2.0/180 auf Manfrotto Stativ im Elbsandsteingebirge

Weitere Bildbände aus dem Tecklenborg Verlag

Erstmalig wird mit diesem großformatigen Bildband das Leben der vom Aussterben bedrohten Königstiger in Wort und Bild vielfältig dokumentiert. Die profunden Indienkenner Gertrud und Helmut Denzau haben über den Zeitraum von 15 Jahren immer wieder das Land besucht und das Leben der Tiger mit großer Aufmerksamkeit verfolgt. Neben einer Vielzahl spektakulärer und einmaliger Fotografien verstehen es die Autoren, die magische Ausstrahlungskraft und Schönheit dieser Tiere zu vermitteln, ohne dabei die engen kulturellen Verknüpfungen zwischen den Menschen und den Tigern zu vernachlässigen. Ein Dokument aus erster Hand.

Gertrud und Helmut Denzau
Königstiger
Im Banne der Indischen Wildnis
152 Seiten, 154 Farbbilder
Gebunden, 31 x 24 cm
DM 88,-
ISBN 3-924044-24-4

Aus dem Indonesischen übersetzt heißt Orang Utan "der Waldmensch". Wie trefflich diese Übersetzung ist, zeigen uns die außergewöhnlichen Fotos von Konrad Wothe, der das Verhalten dieser beeindruckenden Menschenaffen dokumentiert. Begleiten Sie den Fotografen und Carsten Clemens, den Autor, in die Tiefen der unwegsamen Urwälder Borneos und Sumatras. Niemals zuvor gelang es einem Fotografen, diese Spezies so typisierend in Bildern festzuhalten. Neben großartigen Landschaftsfotos, die das Geheimnis und den Mythos Urwald greifbar werden lassen, weisen die Autoren aber auch auf die Gefahren hin, die den Tieren durch die Zerstörung ihres Lebensraumes durch den Menschen droht. Ein Buch, das den Reiz der Bilder mit einer Vielzahl von Informationen verbindet.

Carsten Clemens/
Konrad Wothe
Orang Utans
Die Waldmenschen
von Sumatra und
Borneo
152 Seiten, 205 Farbbilder
Gebunden, 24 x 30 cm,
DM 88,-
ISBN 3-924044-19-8

Die Gesellschaft Deutscher Tierfotografen e.V. präsentiert erstmals seit ihrem Bestehen mit diesem Bildband die besten Fotografien, die von den Meisterfotografen der GDT mit der Kamera eingefangen wurden. Folgen Sie auf über 200 Seiten den Unermüdlichen auf ihren Reisen in die Stille der unendlichen Arktis, in das ewige Grün der Urwälder, in die weiten Tundren des hohen Nordens und des Ostens, ins heimatliche Revier oder einfach in den heimischen Garten. In dieser Galerie beeindruckender Fotos erfährt der Leser auch etwas über technische Mittel und Hintergründe der Fotografien. In erster Linie aber ist das Werk ein echter Augenschmaus für jeden, der die Schönheit und stille Vollkommenheit der Natur erleben möchte.

Klaus Nigge/GDT
Natur Bilder
25 Jahre Gesellschaft
Deutscher Tierfotografen e.V.
224 Seiten, 300 Farbbilder
Gebunden, 24 x 30 cm
DM 112,-
ISBN 3-924044-20-1